播音主持实用基础教材

电视播音员主持人形象设计与造型
（第2版）

赵小钦 ◎ 著

中国传媒大學出版社

·北京·

　　《电视播音员主持人形象设计与造型》是赵小钦老师在多年的专业教学实践中潜心研修探索的宝贵成果。她以独特的视角、独到的见解，精辟地诠释了电视播音员主持人形象设计与造型的特性及在播音主持专业中特定的存在价值。本书的出版是形象设计艺术界的一大盛事，填补了我国在电视播音员主持人形象设计领域方面的一个空白，开创了一个崭新的专业方向。赵小钦老师多年来培养了众多电视播音主持专业的人才，在形象设计与造型的专业教学、科学研究和创作实践方面成就显著。

　　本书视点高、观念新、论点鲜明，对电视播音员主持人形象设计与造型的特性、作用、基本规律等以专业审美的视角，做了简洁明确、精准深刻的解析。

本书既有高度的理论性，又有丰富的艺术性，蕴含着深刻的科学道理和艺术规律。从理论性、科学性、规律性、实用性以及电视媒体形象的造型使命等诸多方面作了深刻的阐述，这将会有力地推动和提升电视播音员主持人形象设计与造型艺术的发展水平，在建构专业教学建设方面也将起到理论支撑的重要作用。对播音主持专业的从业者和形象设计人员的专业素质、审美修养、准确驾驭视觉语言等各方面能力的提高，也都有着重要的指导意义。

本书内容丰富、全面系统、脉络清晰、平实可读，既有广度，又有深度，纵横相融，深入浅出，引人入胜，集理论性、专业性、实用性、知识性、可操作性为一体。

本书既是一部颇具规范性的专业教科书，可供电视播音员主持人、业内专业教师、学生以及爱好者学习，又是一部具有很高的学术价值的专著。

霍起弟

（中央戏剧学院教授）

目录

第一章　形象设计与造型基本原理 001

　第一节　形象设计与造型概述 001

　　一、播音员主持人形象设计与造型的意义 001

　　二、形象设计与造型在电视传播中的重要价值 002

　第二节　形象设计与造型的基本原则及要求 007

　　一、基本原则：真实自然为本，靓丽亲和为佳 007

　　二、根据节目类型要求，准确把握形象设计与造型 012

　第三节　不同类型节目中形象设计与造型要点 016

　　一、电视新闻播音员形象 016

　　二、电视节目主持人形象 018

　思考题 021

第二章 形象设计与造型基本常识　　023

第一节 设计与造型的组成　　023

第二节 电视形象的基本特点　　023

一、整体感强，细节清晰　　023

二、画面形象横向拓宽　　024

三、形象的综合性强　　025

四、形象的真实感强　　025

第三节 基础色彩常识　　026

一、色彩　　026

二、色彩的分类　　027

三、色彩三要素　　027

四、色彩的色性　　028

五、色彩的并列关系　　029

六、色彩的表现关系　　029

第四节 人体生理与解剖常识　　031

一、头部　　031

二、形体　　035

三、毛发　　037

思考题　　039

第三章　化妆设计与造型规律及技法　　040

第一节　电视化妆的基本知识　　040

一、电视化妆　　040

二、化妆类型及运用规律　　041

第二节　化妆造型的美学规律　　043

一、面部基本比例关系　　044

二、局部比例关系　　046

三、面部基本形态调整　　051

第三节　化妆设计与造型步骤及操作　　055

一、化妆准备及步骤　　055

二、化妆的基本操作　　056

思考题　　073

第四章　发型设计与造型规律及技法　　075

第一节　发型与人体外观条件的关系及调整方法　　075

一、发型与头颅形　　075

二、发型与脸型　　076

三、发型与脖颈　　079

四、发型与身材比例　　081

第二节　发型与生理条件及状态调整的关系　083
一、发型与发质及发量特点的关系　083
二、发型与年龄的关系　087
三、发型与气质的关系　089

第三节　几种现代发型的演变和特征简图　093
一、男士发型　093
二、女士发型　097

第四节　常用美发用品与用具　101
一、简单用具　101
二、基本用品　102

思考题　102

第五章　着装设计与造型规律及技法　103
第一节　着装的基本知识及礼仪习俗　103
一、着装的基本原则　104
二、着装的基本礼仪习俗　105

第二节　着装的设计与造型　108
一、正式场合的着装　108
二、正式场合的着装要求　109
三、欢庆场合的着装　111
四、休闲场合的着装　113

五、肃穆及哀悼场合的着装　　　　　　　　　　113

第三节　服装选择应适合传播者的外观特征　　115
　　一、款式的选择　　　　　　　　　　　　　　115
　　二、颜色的选择　　　　　　　　　　　　　　119
　　三、质地的选择　　　　　　　　　　　　　　120

第四节　着装设计与造型同画面相协调　　　　122
　　一、颜色　　　　　　　　　　　　　　　　　122
　　二、图案　　　　　　　　　　　　　　　　　123
　　三、质地　　　　　　　　　　　　　　　　　123
　　四、装饰物的选择与佩戴　　　　　　　　　　123
　　思考题　　　　　　　　　　　　　　　　　　124

第六章　形体基础训练　　　　　　　　　　　125
第一节　活动练习　　　　　　　　　　　　　126
　　一、跑圈　　　　　　　　　　　　　　　　　126
　　二、伸拉　　　　　　　　　　　　　　　　　126

第二节　把杆练习　　　　　　　　　　　　　127
　　一、一位脚站姿（目视前方，保持姿态）　　　127
　　二、一位擦地（含压脚跟）一位站立准备　　　127
　　三、蹲（脚一位准备）　　　　　　　　　　　127
　　四、五位擦地（含勾绷脚）五位脚站立准备　　128

五、小踢腿（15度） 129

　　六、画圈 130

　　七、单腿蹲 131

　　八、把上压腿（正，侧）＋（后腿） 132

　　九、把上绷脚尖踢腿（五位站立准备） 133

　　十、控制 134

　第三节　把下训练 135

　　一、踢腿练习 135

　　二、跳跃练习 136

　　思考题 138

第七章　形象设计与造型中容易出现的误区 139

　误区一："美是造型的一切" 139

　误区二："从业者没有必要进行形象造型学习，一切交给造型师掌控" 151

　思考题 157

参考资料 158

后　记 159

作者简介 161

第一章 形象设计与造型基本原理

第一节 形象设计与造型概述

一、播音员主持人形象设计与造型的意义

电视播音员主持人（下简称"播音员主持人"）形象设计与造型是根据电视的传播特点和信息传播的需要，综合地运用各种造型知识、手段以及多种可用材料，对播音员主持人的外观原型进行整体的艺术调整与塑造（化妆、发型、着装等设计造型完成一体化）的一门造型艺术。设计与造型是播音员主持人传递电视节目信息的辅助手段，恰当地运用这些手段，可使他们在电视画面中准确、鲜明地表达节目信息，并给人以生动和美的视觉感受。

二、形象设计与造型在电视传播中的重要价值

(一) 准确传递节目信息,树立良好的公众形象

播音员主持人是电视节目与观众交流和沟通的"纽带"与"桥梁",是传媒领域前沿的信息传递者,是"窗口人物",也是公众人物,肩负着信息传播的使命和责任。在传播的过程中,播音员主持人必须要根据电视的传播特点,从"视"与"听"两种传播途径去全面地把握信息的准确性和生动性。

形象是视觉信息的组成部分,在电视节目中,它以无声语言的形式传递信息,成为有声语言的辅助手段。形象设计与造型也直观地反映了一个国家的文化、经济发展水平,代表着一个国家的国民素质、精神状态和理想追求,这在电视传播中具有不可替代的作用。对传播者而言,在现实生活中,播音员主持人的自然原型因为各种原因并不符合电视传播与节目要求,不能够表现其作为公众人物应具有的形象,如果不对其形象重新进行设计与造型,会使主持人形象与节目风格相冲突,给节目整体信息的传播造成混乱,甚至还会对受众造成误导,同时也会破坏播音员主持人在受众心目中的形象。所以,把握形象的准确性,完整、明确地对播音员主持

第一章
形象设计与造型基本原理

人形象进行设计与造型，是从业者的责任。

形象造型对于播音员主持人来说，是一种从外而内的整体设计与调整。在外表上，准确的造型可以删除视觉上的不良信息，塑造出符合电视传播要求的职业形象，使观众从外貌特征上能够直观地感受到需要表达的语义和相应氛围，这样就可以配合有声语言，准确完成指定信息的传播。

在形象设计与造型构建的过程中，要启发播音员主持人调整自身的感觉状态，调动其内在的情绪，帮助其准确地找到清晰的表现定位。这种内外合一、形神兼备的形象调整和调动，能够帮助播音员主持人以最佳的播出状态准确地表达和传递信息，树立传媒人应有的形象，从而实现电视传播赋予我们的使命。

因此，播音员主持人在出镜前的形象塑造是不可忽视的，其形象的准确塑造直接关系着电视信息传播的准确性和整体性。任何错误的视觉信息都会干扰甚至破坏节目原本的整体信息，以致给节目信息的传播带来负面影响。

播音员主持人只有准确运用和把握形象设计与造型手段，才能够充分发挥和利用视觉语言，防止信息传播的失误，真正担负起形象在传播中所肩负的责任和使命，这是从业者应该具备的专业素质。

（二）建立自信，发挥最佳水平

形象设计与造型在电视节目中的准确运用，能够为传播者自信心的提升提供极为重要的心理支撑。播音员主持人是公众人物，他们在荧屏上的形象备受观众瞩目，这种无形的压力会使他们产生情绪上的波动。特别是外观形象所提前带来的心理暗示，会对他们出镜时传播信息的状态产生完全不同的影响，如果出现问题，会直接干扰其出镜时的表现。在播音或主持时，形象设计与造型是影响播出状况的重要因素之一。准确而恰到好处的形象设计与造型，可以启发并帮助播音员主持人从内而外地萌发出良好的精神状态，建立和增强自信心，找到节目应该具有的状态而准确发挥，使信息传播达到最佳的效果。

反之，不符合要求的形象设计与造型，会潜藏巨大的破坏力，它会削弱甚至破坏传播者内心的自我认同，进而对自身产生怀疑，在困扰中出现迷茫甚至烦躁的不良情绪。这种不安的心理状况，必然会使他们在镜头前流露出不自信、注意力不集中等不该出现的视觉信息，影响节目信息的有效传播。

可见,形象设计与造型对电视播音员与主持人出镜时的影响是全方位的,它直接决定和影响着信息传播的质量。因此,学会利用形象设计与造型来进行自我调整,从内而外地调动自身潜能,发挥形象的激励作用,是播音员主持人找到准确播出感觉、自我完善、强化自信、进入最佳传播状态的重要手段。

(三) 增强可视性,提高收视率

电视是一种大众传播媒介,为了吸引更多观众,提高收视率,首先在传播形式上应该体现视觉艺术的特征,具有审美功能。特别是在视觉感官上应具有可视性,能给观众带来美的享受。

播音员主持人是电视节目信息的传播者,在传播中他们的形象既是信息的组成部分,也是信息传播的载体。从某种意义上来说,其魅力的展现程度决定着信息传播的质量。美感是视觉魅力的起点,它在信息传播中具有很强的感染力,能够唤起传播者的良好情绪,激发其达到最佳状态,为传播信息营造有利氛围。

美的形象成为播音员主持人自我激励、进入良好状态以及吸引观众、赢得好感的重要因素。强化形象美,是传播的有力手段和极佳形式。对形象美的挖掘与利用，可以由外而内地强化播音员主持人的形象魅力，从而使得整体节目更加具有吸引力。

形象设计与造型可以增强形象的美感，提升形象魅力，从视觉角度满足观众对美的期望和要求。它所营造的充满魅力的美感，能够给观众带来享受和陶冶。因此，它是电视视觉艺术的具体体现，对人们接收信息产生积极的促进作用。播音员主持人作为电视节目与观众之间的"纽带"与"桥梁"，其形象在电视图像中必须要能够体现出电视艺术的特征，用视觉美感（艺术语言）去表现和渲染信息传播的氛围，这是电视传播的特点和需要。

形象设计与造型是播音员主持人形象美感塑造的主要手段，它以美的元素烘托出播音员主持人在图像中的魅力，形成强烈的视觉冲击力，从而吸引受众。毋庸置疑，形象设计造型在提高电视节目收视率方面具有重要的作用。

因此，用形象设计与造型的手段提升自身形象，用美的载体来传播信息，是电视传播艺术对播音员主持人的专业要求，也是从业者出镜的形象要求。

综上所述,播音员主持人形象设计与造型所具有的功能和意义,在于它能够利用视觉形象这一"无声语言",帮助播音员主持人准确地表述和传递节目信息。同时,由表及里地提升他们的形象魅力,帮助他们建立自信,树立传媒人良好的公众形象,以完美而精彩的形象吸引受众,从而完成电视传播的使命。形象设计与造型是播音员主持人进行电视传播的辅助手段,在视觉传播中具有不可替代的重要作用。

电视播音主持专业的特点决定了播音员主持人要学会利用电视屏幕形象的塑造艺术,营造美的感觉,全面准确地进行自我形象的调整(外观及心理),使形象塑造能够由表及里充分发挥作用。这是播音员主持人圆满完成信息传播任务所应具备的基本专业素养,是播音员主持人不可缺少的必修课。

第二节 形象设计与造型的基本原则及要求

一、基本原则: 真实自然为本, 靓丽亲和为佳

表现形象的真实自然美,是电视传播对播音员主持

人形象的基本要求，也是塑造专业形象魅力的重要体现。

电视传播是一门视听艺术，就艺术本身而言就蕴含着美。形象造型作为一种视觉艺术，将播音员主持人的形象美加以强化，使观众在直观的美感享受中获取信息。美感的营造在电视传播中是需要强化的。美是人类的共同追求，也是电视传播的需要。美在传播中具有重要的价值，它所营造出的舒适、愉悦氛围，有利于有声语言的有效传播。播音员主持人的职业形象，决定了造型前必须要对美的形式谨慎地进行选择，选择要准确、正确，切不可随心所欲。

随着科技的不断发展，不同时代的审美也在发生着变化，而不同个体的审美也存在着差异性，这就使得美的观念和表现形式多种多样、不断变化、轮回更新。特别是在当今飞速发展的时代，多变而个性化形象的展现特点尤为突出，人们根据自己的喜好和需要，快速变换着不同的形象美，呈现出：可爱的美、时尚摩登的美、中性的美、妖艳的美、强悍的美、优雅的美等形象，令人目不暇接。其中不同寓意的美穿插混杂，代表着大千世界的变化给人们心态与理念带来的各种各样的改变。

第一章
形象设计与造型基本原理

播音员主持人是媒体公众人物，肩负着引导和传播舆论的责任，因此对形象美的选择有特定的职业要求。我们所追求的美是在视觉上符合现代电视传播者形象特点，与节目内容、形式、风格、任务相匹配的自然美，而不是脱离播音员主持人身份的其他形式美。

用最佳的载体来进行传播，是电视传播对播音员主持人形象的基本要求。美的最高境界是自然美，万物生灵来源于大自然，人与自然的融合永远是人类心灵的追求和归宿。形象的自然美是大自然美的汇集，它使人感到真实、舒适、亲切。人们从大自然中得到滋养，感到震撼。当形象美与节目恰到好处地有机结合时，将会在信息传播中产生巨大的亲和力。

播音员主持人是电视节目的串联者以及信息的传播者，是以"中介人"的身份出现在电视节目中的。他们存在的意义在于能够在观众与节目之间建立联系，起到"纽带""桥梁"的作用。播音员主持人要增强自身的吸引力，努力消除观众与节目之间的距离感与时空障碍。

自然、亲切、平等、尊重，是人们交流和接受信息的共同基础，传播者对外观形象的自然修饰，正是这种态度和修养的无声表述。"修饰"一词体现着他们严谨认真的工作态度，体现着他们对观众的重视与尊重，自然修饰则能表现出对观众亲切、平易、真诚的情感。这种视觉语言的运用拉近了传播者与受众之间的距离，为有声语言的传播与接收创造了良好氛围；同时，自然修饰符合电视传播对从业者的要求，也同观众的期许相吻合。播音员主持人负责传递的信息，绝大部分是人们现实中未经夸张演绎的真实信息，他们职责的定位决定了"真实自然为本"是电视信息传播的原则。同时，自然、真实的形象也是观众对播音员主持人专业素质的要求。

在电视传播中，对信息传递者而言，真实的美才可信而可"近"，用形象的自然美体现和强化内容的真实，达到视听信息的一致与协调，才能够做到真实，给受众留下清晰、深刻的印象，使受众获得更多真实的美感享受。相反，脱离节目性质的夸张、做作的虚假面孔，会让观众感到缺乏真实性，觉得播音员主持人像是在演戏，使信息失去可信性而使受众产生距离感，从而影响节目信息的有效传播。播音员主持人形象的自然修饰，呈现的是亲和的美，体现着其职业应有的人性美。运用得当，会在电视传播中以清新、亲切、舒适、可信的形象吸引观众，呈现出最佳的传播效果。

塑造形象的自然美，在电视传播中有着不可或缺的审美价值和传播价值，是播音员主持人强化自身魅力的重要条件。

形象自然美的塑造，需要体现时代特征，这是电视传播的需要，也是体现当代传媒人形象不可缺少的元素。

电视是时代发展的产物，它以极快的速度记录和反映着时代的变迁，无论是在时间上，还是在信息的内容上，都具有很强的即时性。

不同时代、不同时期，人们的价值趋向、追求和习惯等都有所不同，并且这些都随着社会的迅速发展而不断发生变化。人们把对社会变化的各种感受和认识，通过服装、化妆、发型等形式表现出来，使形象具有了特定的时代象征意义，成为某一时代或时期的特征和标志。传播者在形象设计与造型中融入这些元素，便可使电视传播内容具有鲜明的时代特点，而产生强烈的感染力。

同时，在电视信息传播中，播音员主持人的形象只有代表当今时代特点、符合现代社会人们的审美取向，才能得到受众的认同和欣赏。在如今快速变化的社会环境下，具有时代特征的自然美才更具亲和力，它是播音员主持人形象塑造所必备的重要元素。

复杂、多元、丰富的时尚美，是当今时代美的总特征。在审美流行趋势中，流行并不意味着适合。播音员主持人要把握传播导向，传递主流信息，塑造积极、阳光、亲善、得体的职业形象。有选择地融入能够代表社会进步的、文明积极的、高品位的、美的时代特征元素，这样才能充分发挥形象在传播中应有的魅力，塑造出真实自然、靓丽亲和的播音员主持人的职业形象。

二、根据节目类型要求，准确把握形象设计与造型

任何信息的表达与传递都需要借助于某种形式，需要通过形式来表现、反映内容。内容决定形式，形式服务于内容。形象设计与造型是利用视觉形象这一"无声语言"的特点，来帮助播音员主持人进行信息传递的。设计与造型是对节目内容的表述和体现，它所表达的信息必须和节目内容相统一，只有形成一致的信息传递，才能发挥和体现传播的最终价值。任何不经修饰的纯自然形象或者选择不准确方式的表现，都可能会给节目带来信息的偏离或误导，影响节目质量和信息的正确传播。

丰富多彩的电视节目类型要求播音员主持人形象必须符合节目特征，得体而适宜。如何使形象适应节目内容，关键在于了解设计与造型的基本原则，掌握设计与造型的不同形式在信息传播中所起的作用和适用范围，并且能够在节目中恰到好处地把握和运用。

"修饰类"造型是播音员主持人的主要造型形式，它以增加美感、弥补缺陷、增强节目信息含量为目的。按其表现形式的不同，可分为"淡彩修饰"和"重彩修饰"两大类型。

"淡彩修饰"是在自然的基础上，经过修饰而又不过于显露痕迹的一种自然修饰方法。它趋于写实，通过自然修饰，表现传播者真实、稳重、坦诚、平易、和蔼的态度，使交流充满亲切、平和的气氛，体现出平易近人的艺术氛围。"淡彩修饰"的形式适合播音员以及除综艺类、娱乐类、时尚类节目以外的主持人造型。柔和、自然、淡雅的修饰，能够使观众备感亲切与温馨，最适宜用于生活类、服务类节目及相关类型节目主持人造型。

在自然修饰中体现规范要求并适当增加力度，则可以使亲切、平易的形象融入正式或严肃、庄重的感觉，从而引导观众进入理性状态。这种表现形式，适用于新闻类、经济类、军事类等节目的播音员主持人，也可用于正式场合、严肃话题节目的主持人的造型。

  修饰类造型中的另一种表现形式是"重彩修饰"。它与"淡彩修饰"不同，是在自然基础上强调修饰感、具有一定装饰作用的修饰形式。修饰感在外观形象造型上，可以通过强调色彩本身的丰富、协调、艳丽，或通过线条形态的变化等修饰手段，来表现它热情、活泼和充满激情的活力以及时代特点，营造出一种热烈、活泼、使人振奋的现场感。综艺类、娱乐类等节目的内容充满了热烈、活泼的气息，主持人适度的夸张修饰，更能够突出此类节目的特点（有时还要根据需要模拟、变形、夸张），以便起到烘托、强化和渲染气氛的作用。因此，"重彩修饰"比较适合于娱乐类、时尚类、综艺类等节目主持人的造型。

  总之，由于"淡彩修饰"和"重彩修饰"的表现形式所营造的氛围不同，播音员主持人在面对不同节目的播音或主持时，需要注意节目类型，在形象设计与造型时要使形象符合栏目的整体要求，营造出适合节目类型的氛围，以完成信息准确传播的任务。

第一章
形象设计与造型基本原理

按照节目的内容特点和造型需要,我们对特点相近的节目进行了归类划分,大致可以分为新闻类/知性类节目、民生类节目、综艺类节目几大部分。

其中,新闻类、知性类节目,一般包括政论类节目、新闻类节目、教育类节目、访谈类节目等,这些节目内容都具有一定的严谨性,蕴含着一定的理性,体现着一定的知性。因此,这些节目的播音员主持人的造型应该以"淡彩修饰"为宜,即以清新、淡雅,自然、干练、稳重的色彩和结构以及线条表现形式,来体现和烘托节目的氛围,使受众感到真实可信。

民生类(生活、科普、休闲等)节目更加强调节目的平易性和亲切感。因此,主持人在造型上应采用"淡彩修饰"的形式,以表现其亲切、自然、坦诚的外貌特征。

综艺类(包括艺术类)、娱乐类、时尚类等节目的主持人,应该采用"重彩修饰"的表现形式来强调外在适宜的形式美,通过强烈的视觉美感冲击,来调动观众欢快、热烈的情绪,营造和展现节目所具有的艺术氛围和时尚气息。

在播音或主持时,应按照具体的节目类型恰当地选择造型,这样可以为准确地传播节目信息奠定重要的基础。

第三节 不同类型节目中形象设计与造型要点

一、电视新闻播音员形象

（一）设计与造型的总特征

设计与造型的总特征：自然＋端庄＋特色。

（二）设计与造型要求

设计与造型要求：简洁＋大方＋高雅＋成熟。

1. 化妆

（1）具体要求

男妆——自然、趋于写实。

女妆——淡彩修饰。

（2）方法选择：一般适宜采用灯光型化妆法。

（3）妆面要求：干净、自然，五官端正、清晰，色调协调、淡雅。

2. 发型

（1）造型要求：

简洁大方、整齐润泽、自然流畅。

(2) 发色要求：

黑色或者自然棕色。

(3) 发型选择：

男发——适宜侧分、短后背、寸头、短立发等。

女发——短发、长短发、中发为宜。

3. 着装

(1) 款式要求：正规、大方、简洁。

男装——以正装西装为主（西服、衬衫、领带）；

中山装（传统节日可以选用）；

长袖衬衫系领带（根据节目特点等选用）。

女装——西服、正规职业女装（传统节日可着中式服装等）。

(2) 形态要求：合体、挺括、平整、干净。

(3) 颜色要求：清新、稳重、协调、不宜多色。

男装——套装以藏青色、灰色和略深色为宜。衬衫适宜单色，如：白色、蓝色等。

女装——单色、素雅的混搭色，靓丽而稳重为宜。

4. 饰物

女性可在整体节目容许的范围内，酌情佩戴少量的、视觉感上有较高品质效果的配饰，如耳环、项链、胸针等，作为整体造型的点缀，以增加传播者高雅的格调，进一步提升和烘托传播者的品位和美感。

饰物选择需注意：

(1) 不宜佩戴悬垂式耳环。

(2) 不宜佩戴款式过大、过粗的饰品。

(3) 不宜佩戴戒指、手链及头饰。

(三) 不同类型新闻节目造型要点

1. 新闻播报

塑造规范而严谨的职场形象——适用于《新闻联播》《新闻播报》等重要的新闻播报节目，多是指代表国家、政府形象所进行的权威性发布播报。

2. 一般新闻播音

塑造轻松而正规的职场形象——适用于时政类、经济类、民生类和体育类新闻播音。

二、电视节目主持人形象

(一) 设计与造型的总体特征

设计与造型的总体特征：自然 ＋ 靓丽＋个性。

(二) 设计与造型要求

设计与造型要求：符合（专业）身份、节目风格特征。

1. 化妆

（1）造型要求：

男妆——自然、趋于写实。

女妆——"淡彩修饰"或者"重彩修饰"（根据场合以及节目确定）。

（2）方法选择：（在一般情况下）室内采用灯光型化妆法；室外采用日光型化妆法。

（3）妆面要求：自然、干净、匀称、协调、亮丽。

2. 发型

（1）造型要求：自然、大方、有个性。

（2）发型选择：根据节目类型特征以及自身条件而定。

女发——在符合上述要求的前提下，长发、短发、直发、卷发、辫子、盘发等均可根据需要酌情选择。

男发——以男士短发为主（侧分、后背、冠发等），也可根据节目需要采用中发或者光头造型。

（3）发色选择：根据具体节目特征以自然色为主，可以适当丰富用色，如时尚类节目可以结合流行发色恰当选择，但不可过于前卫。

3. 着装

（1）款式要求：适合于身份、整体节目风格、画面要求。

(2) 形态要求：整洁、大方、自然、合体。

(3) 颜色要求：可根据节目内容和风格设计需要，结合自身条件和画面色调去选择和搭配。

4. 饰物

在主持人身份允许的前提下，可以根据不同节目类型和节目风格的需要，准确选择和佩戴适宜的饰品作为点缀，如：发卡、发带、耳环、项链、丝巾、假发等。

选择和使用饰品时需注意：

(1) 忌选用过多饰品，忌过分点缀。

(2) 忌选用屏幕效果低劣、杂乱、不协调的饰品。

(3) 忌选用质量低劣的头套，防止出现佩戴失真的情况。

(三) 不同类型节目主持人造型要点

1. 新闻类节目主持人

(1) 造型应与内容保持一致，应体现大方、自然、干练、稳重、雅致、成熟的职业感。如时政要闻类：稳重而严肃；民生类：亲切而平易；体育类：轻松而活泼、不宜过于刻板等。

(2) 造型应与所主持的节目风格保持一致，恰到好处而具有个性。如播音式主持的雅致，记者型主持的干练，等等。

（3）造型应与访谈节目的风格或者报道现场氛围保持一致。如采访、访谈、现场报道时的造型要与地点和场合相匹配。

2. 民生类节目主持人

（1）造型在强调自然、靓丽、亲和的基础上侧重平易近人、贴近群众生活。

（2）根据节目的内容特点，添加现代生活中具有人性化或者具有情趣的元素。如调整服装的款式、颜色、图案，等等。

3. 综艺类、娱乐类、时尚类节目主持人

（1）造型宜采用"重彩修饰"的形式，渲染节目热烈、欢快的氛围。

（2）注重体现和强化节目的艺术风格及特色。如符合晚会主题的风格、符合知识竞赛节目的特色等。

（3）适当增加时尚元素，强化节目的魅力和时代感。

思考题：

1. 什么是电视播音员主持人形象造型？其构成的主要

内容是什么？

2. 播音员主持人出镜时，为什么要进行形象设计与造型？

3. 播音员主持人出镜形象应该遵循什么原则？具备哪些基本特征？

4. 出镜形象的设计与造型和具体节目有何关联？具体特点是什么？

5. 播音员主持人的形象设计与造型总体上可以分为几大类？不同类型的选择与运用对节目的传播效果的影响是什么？

6. 新闻播音员整体形象塑造原则是什么？设计与造型有何特点？

7. 主持人形象的整体要求是什么？设计与造型要点是什么？

8. 为什么播音员与主持人的形象有所不同，设计造型上需要考虑这种差异吗？

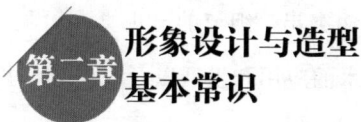

第二章 形象设计与造型基本常识

第一节 设计与造型的组成

播音员主持人形象设计与造型是由化妆设计造型、发型设计造型和着装设计造型三部分组成的有机结合体。这三部分造型在整体造型中既相对独立又互相依赖，在电视传播中发挥着协调统一的作用，它们相互联系、不可分割、共同作用，塑造着播音员主持人的整体形象。

第二节 电视形象的基本特点

一、整体感强，细节清晰

随着高科技的迅猛发展，我们已经进入了高清数字化时代，电视中的影像也随着清晰度的提升越发真实，从而使画面形象的整体感鲜明而突出，细节的显现真实可见。尤其是随着"VR"摄像技术的应用和发展以及电视4K技术系统的应用，使电视的这一优势更为凸显，高清电视成为电视市场发展的主流。这种电视技术发展带来的变化，对电视中呈现的影像提出了更高的要求；对肩负着传播任务的播音员主持人的形象，有了更专业的要求。首先，要注意强化和表现形象的整体感，使整体形象的表现准确而鲜明。其次，注重形象细节表达的自然，使形象在画面中能够更加生动和真实。

二、画面形象横向拓宽

高清电视的特点是不仅图像清晰，而且电视屏幕加大，构图比例也是标清电视的两倍，使呈现在电视屏幕上的影像在原有基础上更显横向拉宽。这种变化对形象的修饰性造型有着直接影响。东方人属于蒙古利亚人种，其特征的劣势主要是脸型较宽，面部骨骼较平，缺乏层次变化和生动性；身材不够修长、挺拔。这些弱势在电视中，特别是高清电视中被夸大，使原本平而宽的面部和不够修长的身材等弱点，被强化得更加明显。在造型中根据需要，适当加强面部的立体感，是克服自身弱点以及电视带来的不利因素，创造屏幕形象形式美的关键。

三、形象的综合性强

电视形象是综合艺术的产物。它是经过基础造型、拍摄、制作并通过电视技术处理后再现于屏幕的形象，与我们在日常所看到的形象并不完全一样。形象的基础造型是在拍摄前完成的，并在拍摄过程中通过与其他相关艺术与技术的配合，使之融为一体而最终呈现于屏幕之上。这一特点不可避免地会使造型后的形象受到拍摄现场诸多因素（灯光、摄像、环境等）的直接影响，不是仅仅靠孤立的造型就能够到达预期的效果。

为保证屏幕形象能够达到最佳的效果，在操作时应该注意把握以下几点：第一，造型前对拍摄现场的有关情况（灯光、摄像、环境等）要有所了解，做到心中有数，有的放矢；第二，以现场标准监视器为准，对屏幕形象的设计和造型进行观察和调整；第三，与各创作部门相互配合，协同工作。

四、形象的真实感强

电视拍摄的特点，使得播音员主持人身处多角度、全方位的立体空间中，摄像机镜头把传播者的形象真实地呈现在观众眼前。摄像机镜头如实地从不同方位和角度，真实地记录和呈现了他们的各种状态，有动态、有静态，画面形象真实、清晰，观众一目了然。画面中出现的任何一点形象塑造上的瑕疵，都会给节目造成不良影响，给人以虚假、劣质的感觉。电视形象的真实性，要求播音员主持人形象塑造要自然得体。特别是主持人，更要注重整体形象的完整表现。

第三节　基础色彩常识

修饰性形象造型是在人体上利用色彩变化等作为主要造型手段来进行美化的一门艺术。它通过色彩的要素、规律及色性等来表现人的头部、面部及身体的体积、形态、结构等，并利用人眼的视错觉来达到良好的视觉效果。因此，基础色彩常识是形象造型中准确用色的依据，是播音员主持人进行形象塑造的必备基础。关于这部分内容简单介绍如下。

一、色彩

色彩即色感，是当光线照射到物体后使视觉神经产生感受，而感觉有色的存在，它是指人类对颜色的一种印象和感觉。

二、色彩的分类

按视觉效果分类，色彩一般可以分为彩色、非彩色（中性色）两类。另外，介乎于这两类之间，还有一种相对独立的装饰色，我们称之为独立色。

（1）彩色——除黑、白、灰以外的所有颜色统称为彩色。一般指用红、黄、蓝色调和出来的颜色，可分为清色、暗色和浊色。

（2）非彩色——指独立于彩色之外，不具有任何彩色倾向的中性色，即黑、白、灰色，它与任何颜色搭配都较适宜。

（3）独立色——介于彩色和无彩色之间，是一种极不稳定的色彩。如金色、银色，所以它只适用于特定场合、效果的装饰。

三、色彩三要素

明度、色相、纯度是色彩构成的基本要素（彩色才能全面显示这三种构成要素）。

（1）明度——即色彩的明暗程度，也称"亮度"，是表现色彩层次感的基础。在形象造型中，对明暗关系的准确把握是使形象立体、生动的关键。

（2）色相——指颜色的相貌，是区分色彩的主要依据。

它是由原色（光谱三原色）、间色和复色构成的。从严格意义上讲，任何黑、白、灰颜色都不具有色相的属性。

（3）纯度——指颜色中色素的饱和度，也就是色彩的鲜浊程度。纯度与颜色所含无彩色黑、白、灰总量的多少直接相关。纯度高，颜色鲜艳；纯度低，颜色发浊。纯度最饱和的颜色，色性表现最强，在电视画面中会显得跳跃、强烈、醒目。

四、色彩的色性

色性是指"色彩调"。色彩学上根据受众的心理感受，把颜色分为暖色调（红、橙、黄）、冷色调（青、蓝）和中性色调（紫、绿、黑、灰、白）。"明度调"和"冷暖调"是色彩结构关系中色彩之间的一种对比。

1. 深浅差异

深色：收缩、凹陷；

浅色：膨胀、鼓凸。

2. 冷暖差异

冷色：收缩、后退；

暖色：丰满、前进。

3. 纯度

纯度最高时，色性表现最强。

五、色彩的并列关系

1. 同类色并列

柔和、自然。

2. 对比色并列

跳跃、醒目。

六、色彩的表现关系

（一）空间距离感

从视觉感受来看，近的颜色偏纯、偏暖，比较鲜艳、清晰，对比度较强；远的颜色发灰、偏冷、模糊，对比度较弱。

（二）情感表现

不同的颜色由于波长不同，能引起人从视觉到情感的生理和心理变化。因此，不同颜色具有各自的情感信息。在电视节目中，播音员主持人要特别注意准确运用不同的颜色表达不同的情感信息。

红色——波长最长，最引人注目。它具有扩张、压迫感，使人兴奋、激动，容易使人产生视觉疲劳。同时它给人温暖、艳丽、热情、活泼、健康、欢乐、喜庆、奋发的感觉，也是生命力的象征，但也容易使人产生紧张、不安、烦躁的感觉。

橙色——波长中等，在光感上最亮。它显示着灿烂、辉煌、纯净、轻快、柔和、活跃、明快、透亮、华贵，但也具有轻薄、苦涩、病态、反常、颓废的情感寓意。

绿色——波长居中，是视觉上最舒适的颜色。它具有平静、稳定的特性，充满着活力、生机与希望，体现着和平、美丽、自然、向上的情感寓意。

蓝色——收缩色，体现着内在、幽静、深远、透明、流动感，它轻快、秀丽、纯洁、质朴，冷静而严肃，但也具有消极等情感寓意。

紫色——波长短，具有华丽、高贵、神秘、优雅、流动的感觉，但也可表现出恐怖、迷信的情感寓意。

黑色——消极、沉重、严肃，体现着悲痛、消沉、绝望、恐怖、死亡，具有庄重、坚毅、自信的个性特点。

白色——体现明亮、快乐、纯洁、清爽、干净、素雅、坦率，但也具有单调、恐怖、肃穆、悲哀的情调。

灰色——自身不具有个性。它表现为安静、含蓄、和谐，使人心理反应平淡，它柔和、典雅、细腻，但运用不当易显得沉闷、压抑。

咖啡色——中性色。它朴素、含蓄、随和而不失坚定，具有中庸的味道，易与各色搭配。

第四节　人体生理与解剖常识

一、头部

（一）头颅型

东方人多属于黄色人种，由于人种的关系，其头颅形状多属于方圆形，并且面部骨骼结构较平，起伏不大，形成了黄种人面型较宽、较平的面部特征。这种自然因素使得我们绝大多数东方人的面部轮廓不够明朗、清晰，缺乏变化的生动感。特别是出镜时，这种形态在电视综合因素的作用下被夸大，造成图像中的形象越发扁平而宽胖，从而影响形象的表现力。因此，整体头部形象立体的调整在电视修饰类造型中是十分重要、不可忽视的。

（二）面型

1. 骨骼结构及名称

面部骨骼构造是我们进行面部造型的依据。面部骨骼大致分为额骨、鼻骨、上颌骨、下颌骨、顶骨、蝶骨和颧骨等。具体主要部位的骨骼名称及连接关系见图2—1。

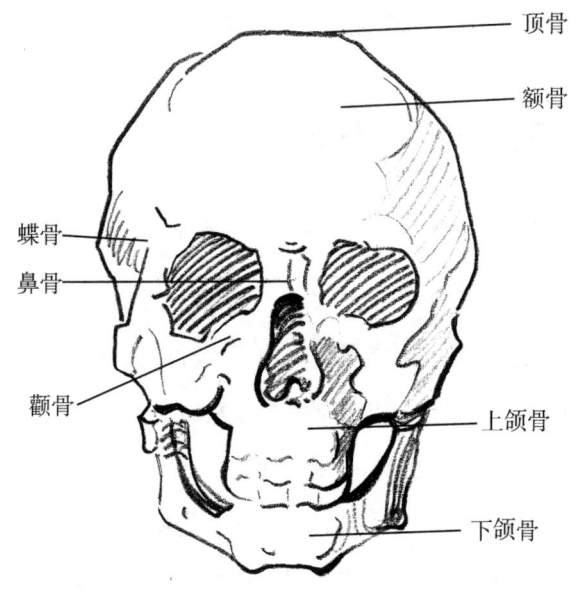

图 2-1　面部骨骼结构

2. 面部五官组成与基本位置

（1）眼睛（见图 2-2）——眼睛位于"眉线"到鼻底的上三分之一处，它呈球体形态，周围被眼睑皮肤所覆盖，上下眼缘处生长睫毛。

（2）眉毛（见图 2-2）——主要由眉头、眉腰、眉峰和眉梢几部分组成。眉毛的生长特点是：眉头的地方颜色浅淡，眉毛呈柔软状，眉腰处生长较浓密，而眉尾的眉毛

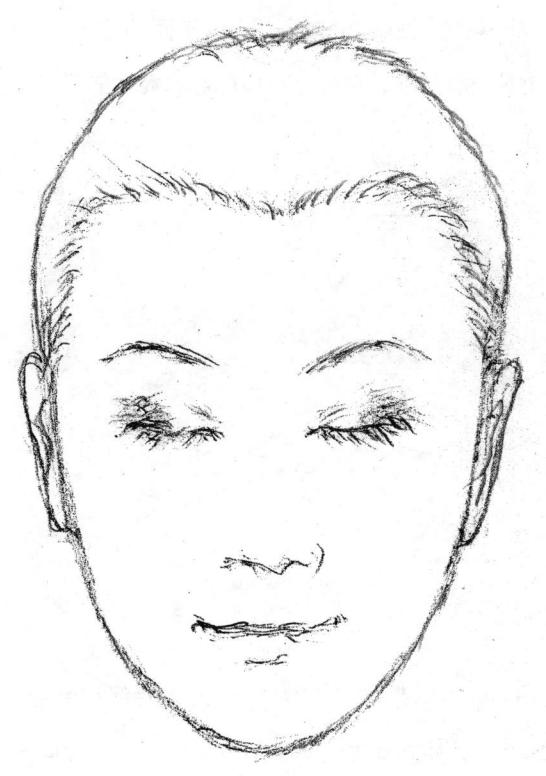

图 2-2 面部五官位置

逐渐减少至消失。一般认为三等分划分比较适合东方人，即眉头至眉腰，眉腰至眉峰，眉峰至眉梢，各占眉长的三分之一。眉长位置：眉头、内眼角、鼻翼在同一条垂直线上；眉梢、外眼角、鼻翼在同一条直线上。

(3) 鼻子（见图2-3）——位于面部的中庭、中线位置，由鼻根、鼻梁、鼻尖、鼻中隔和鼻翼几部分组成。

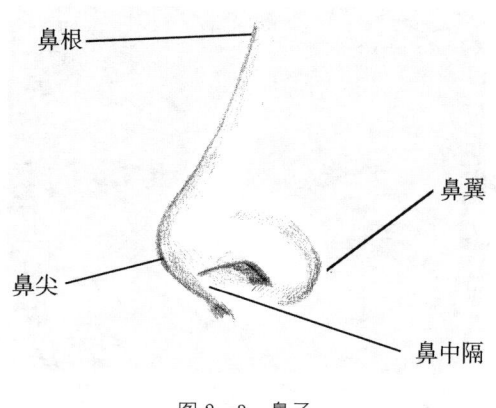

图2-3　鼻子

(4) 嘴唇（见图2-2）——其主要组成部分有：唇角、上下唇肚和唇峰等。嘴唇的口裂线（上下嘴唇分界线）位于鼻底到颌底的三分之一处；唇幅的长度为两眼瞳孔下垂线之间距离；唇峰在人中两侧上唇的两个最高点。

(5) 耳朵（见图2-2）——其长度为从眉线到鼻底线的长度，位于耳孔稍后位置。

二、形体

（一）骨骼及形体

人的身体结构大致可以分为头颅、脖颈、躯干、上肢和下肢几部分。

（1）脖颈——以依靠脊柱上端连接头颅的颈椎为支撑，周围覆盖着肌肉。其形体近似圆柱。

（2）躯干——此部位主要由脊柱、胸腔肋骨、骨盆等骨骼及肌肉组成。其形体可概括为扁立方体。

（3）上肢——上肢的骨骼主要由肩胛骨、肱骨、尺骨、桡骨、腕骨、掌骨和指骨组成。其间靠关节等连接，并覆盖着不同的肌肉组织。其形体可概括为圆柱体和六边形的扁平体。

（4）下肢——其骨骼是由股骨、胫骨、腓骨、跗骨等构成，依靠髋关节、膝关节等不同部位的关节连接，其表面覆盖着肌肉组织。下肢形态从上而下呈逐渐缩小的圆柱体，从侧面观察曲线近似S形。

（二）人体比例关系

人体比例关系由于年龄、性别、种族等差异而有所不同。以东方人体的正常发育所形成的身长比例为标准作为我们造型的依据，见图2—4。如果以头长为一个计算单位，

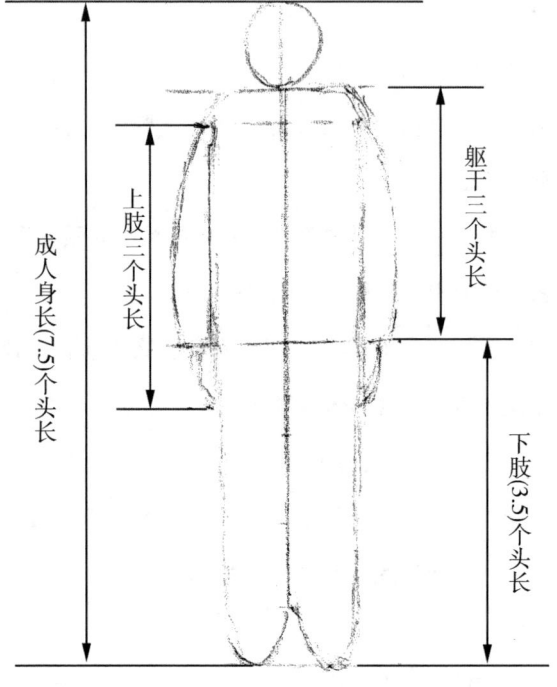

图2—4 人体比例关系

那么成年人身长约为七个半头长。年龄越小，身长所含的头长数就越少。从人体比例的总体关系来看，成人躯干长度一般为三个头长；脖颈长度为三分之一头长；男子肩宽为两个头长，女子肩宽略小于男子；女子的骨盆大于男子，腰部略细；上肢长度为三个头长；下肢长度约等于三个半头长。

三、毛发

(一) 毛发组成与基本构造

毛发的主要成分是角质蛋白。它是由多种氨基酸组成的，其中以胱氨酸的含量最高。

毛发的基本构造：从外部构造上看，毛发可以分为毛干、毛根、毛球和毛乳头四个部分；从内部结构看，毛发可以分为表皮层、皮质层和髓质层三个部分。

(二) 毛发颜色

毛发皮质层内所含色素颗粒的多少以及色素颗粒内含元素的差异，使头发形成深浅等不同颜色，如黑色、灰色、金黄色、棕色等等。一般毛发颜色深浅与皮肤颜色深浅成正比。

(三) 毛发形状

人类毛发由于构造不同，横断面形状大致可以分为三类：圆形（平直圆形）、扁形和卵形。

(1) 圆形——亚洲人的毛发构造一般呈圆形或平直圆形。

(2) 扁形——非洲人的毛发构造形状呈扁形。

(3) 卵形——欧洲人的毛发构造呈卵形。

不同人种的头发构造形成了直发、卷发和波状发的自然差异。

(四) 毛发分类

1. 毛发总体上可以分为软毛类和硬毛类

(1) 软毛类——指色泽浅淡、细软的汗毛。

(2) 硬毛类——指头发、眉毛和胡须等较硬的毛发。

2. 头发种类

按照毛发性质划分，头发可以分为钢发、绵发、油发、沙发和卷发五种类型。

(1) 钢发——粗硬、富有弹性，不易变形。

(2) 绵发——较柔软，毛干偏细，弹力不足。

(3) 油发——多油较黏，缺水而弹性不稳定。

(4) 沙发——缺油、干燥蓬松，弹性差。

(5) 卷发——毛干卷曲、蓬松；自来卷不易变形。

(五) 毛发特性

(1) 物理性——毛发遇水膨胀，特别是遇热水后更为明显。因此，它具有伸缩性。

(2) 化学性——化学药水（烫发水等）可以破坏头发细胞原有排列形状，使之重新组合形成新的连接。因此，毛发具有变形性。

(3)可塑性——毛发遇水后会改变干燥时的性能，在吹、烫和卷等外力作用下，能塑造出各种不同发型。

思考题：

1. 电视形象设计与造型的组成内容是什么？

2. 塑造电视形象与塑造生活、舞台等形象有何差异？为什么？

3. 为什么了解色彩和人体解剖知识是我们驾驭形象必备的基础知识？

4. 如何正确认识面部五官的基本位置？

5. 头发的生理特点与发型有何关系？

6. 你的自身形象有何不足？主要问题在哪里？

第三章 化妆设计与造型规律及技法

第一节 电视化妆的基本知识

一、电视化妆

电视化妆（修饰类）是播音员主持人形象造型的一部分，它主要采用绘画等手段，按照电视的特点，对播音员主持人的面部结构关系进行调整，并对颜色等进行修饰，从而营造出最佳的视觉效果。这是一门相对独立的造型艺术，与发型、着装等共同构成播音员主持人整体形象造型。

化妆训练对播音员主持人内在气质的打造十分重要，是播音与主持专业不可缺少的重要学习内容。此书中化妆部分的知识，主要是为了配合化妆课教学中的实际操作训练而编写，对化妆造型艺术的最基本规律和所涉及的内容进行了解析和概括介绍；操作部分以基本程序化妆提示为主，以便学习者在刚开始练习的过程中有一个基本的参照依据，为将来的学习、提高和进一步的发展创新打下良好的专业基础。

二、化妆类型及运用规律

电视化妆从妆面修饰上可以分为两种表现形式："重彩修饰"与"淡彩修饰"。前者在色彩和结构上的表现比较丰富、夸张，而后者则表现为淡雅、自然。无论哪种形式都能够通过色、形、韵使播音员主持人的气质、状态发生一定的变化。由于"重彩修饰"和"淡彩修饰"的化妆形式所营造的氛围不同，在面对不同节目的播音或主持时，需要按照具体节目类型去准确设定。

一般政论性节目、新闻性节目、教育性节目和访谈类节目等，其内容都具有一定的严肃性，需要体现理性和知性的职场状态。因此，化妆应该以"淡彩修饰"为主，以清新、淡雅的色彩和结构表现形式体现和烘托出自然、真实、亲和可信的理性和知性形象。

生活类节目，更加强调平易性和亲切感，因此在化妆上主持人也应该采用"淡彩修饰"的形式，表现主持人亲切、自然的特点。

在娱乐类和综艺类、时尚类节目中，主持人应该采用

"重彩修饰"的化妆形式来强调外在的形式美，通过强烈的视觉冲击来调动观众欢快、热烈的情绪，展现和渲染不同节目特有的艺术气息和氛围。在播音或主持时，能否准确选择形象造型的表现形式是检验播音员主持人专业水平的重要标准。

电视化妆从场景上划分可以分为"灯光型化妆"和"日光型化妆"两种类型。电视节目拍摄场景的差异，使得播音员主持人在拍摄时处于两种不同的光源环境中，即外景和内景。由于外景和内景的光源以及色温等不同，主要依靠色彩来进行造型的化妆形象也会随之发生变化。为保证预期形象的准确还原，在内景拍摄中一般需要采用"灯光型化妆"，即适当强调色彩、结构的对比度等；而在外景录制的形象应该采用"日光型化妆"，即色彩、结构表现相对弱化，趋于自然等。这两种化妆类型的准确运用，对于表现播音员主持人的形象及状态十分重要。

电视形象造型是一门综合艺术，化妆形象的最终效果将受到电视灯光、服装、摄像、场景和环境等因素的影响，对于面部出现的问题也可以利用其他造型元素的相应配合，给予解决。比如，当摄制现场的光线不够、照度偏暗时，化妆的底色则应该相对亮些，反之，则应该适当地使用稍暗的底色，以使皮肤色调呈现自然、健康状态。对于化妆的色彩运用以及形态表现，必须要根据拍摄现场的上述因素去把握和灵活调整，才能够使形象在画面中达到最佳的预期效果。

第二节　化妆造型的美学规律

得体的外观形象是播音员主持人进行有效传播的基本条件。在现实中人的面部骨骼、五官等，并不是按照某种模式标准进行组合的，而是千差万别的，这就形成了千人千面的特点。什么样的形象能够被大众认可？这是传播者形象造型的焦点。我们现今正处在个性美多元化的时代，要想把握形象的不同美感去准确传递节目信息，首先就必须要了解最基本的美学规律。只有打好基础，形象造型在围绕节目变化时，才能丰富多彩，既有个性美，又有共性美，从而被更多的观众所接受。针对人类的审美取向，从古埃及人建立金字塔之后，前人便在美学的范畴内对它们进行了归纳和总结，形成了符合大众审美取向的基本规律。由于在各种场合人们会按照这种基本的美学标准，来审视和接纳传播者的形象,所以在电视传播中这种公认的"共性美"标准对于播音员主持人是十分重要的,用其作为化妆造型的基本依据是电视传播工作的需要。

下面把容易被人们接受的几种规律和相应的调整方法简单地介绍给大家,以便在操作中明确基本的调整规律并有章可循。

一、面部基本比例关系

成人面部标准的长宽比例是把面部长分为三个等分,即三庭:从前发际线到眉毛为整个面部长的1/3(上庭);从眉毛到鼻尖底部为面部长的1/3(中庭);从鼻尖底部至下颌底部为整个面形长度的1/3(下庭)。面部标准的长度关系是三等分协调组成的。

面部的宽度一般为本人五只眼睛的长度。我们以一只眼睛的长度作为一个衡量单位,那么两只眼睛的间距则为一只眼睛的长度,外眼角到耳朵尖部为一只眼睛的长度。也就是说,左眼睛的长度加右眼睛的长度,再加上两只眼睛之间的长度,以及其左、右两边的长度,共合成五只眼睛的长度。如此的面部比例关系一般被称为"三庭五眼"(见图3—1),它会使面部看起来和谐、美观,因此,这也成为面部形象调整的基本依据。

第三章 化妆设计
与造型规律及技法

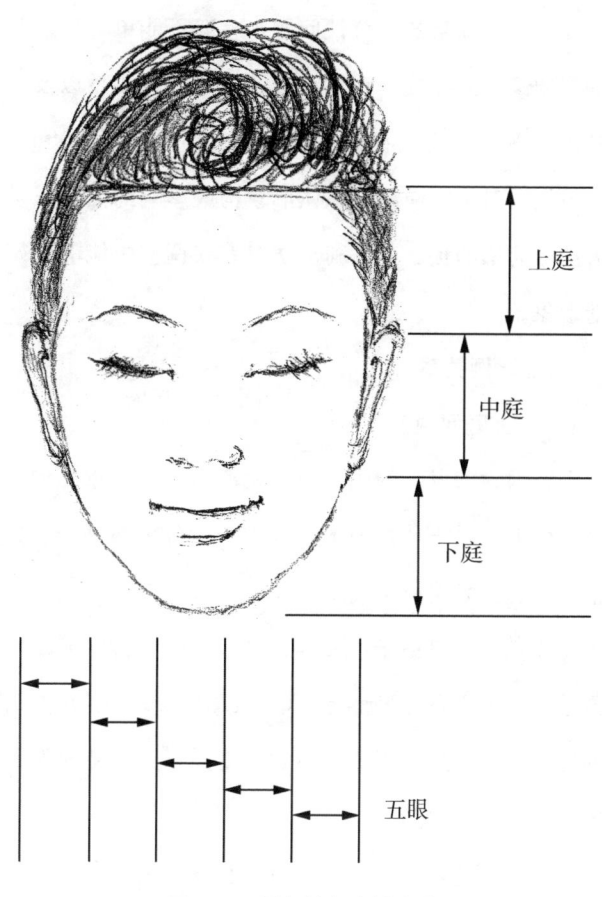

图 3-1 面部基本比例关系

在现实生活中，如果我们的五官位置与上述标准比例相差很大，就会在外观视觉上给人留下不协调的印象。比例调整是一个复杂的综合性问题，一般不能单纯依靠某一个局部的修饰来完成（涉及综合调整的整体关系以及个人的具体问题，主要放在训练中有针对性地进行解决）。在此，我们只对某一局部对整体形象构成影响的因素以及矫正方法做简单的提示，以利于学习者在调整中能够较好地塑造形象。

二、局部比例关系

（一）上庭问题

上庭因为前发际的生长位置距离眉毛的远近不同，因而会产生上庭过长或过短的问题。一般分为两种情况，上庭偏短或者上庭偏长。

上庭偏短，是由于前发际长得过于偏下，使前发际线到眉毛之间的距离短于面型长度的 $1/3$，给人一种沉重而压抑的感觉。要注意纠正这种感觉，使播音员主持人形象变得轻松而富有活力。

对于上庭偏短的矫正，重点放在发型的变化上。一般可以根据具体情况采用吹高前发以增加上庭长度，或者利用前发的下垂方式遮挡前额（上庭）部分，使过短的上庭不被暴露。这种方法简单而行之有效。

上庭偏长，一般是由于前发际长得位置偏上，造成前发际线到眉毛的间距大于 1/3，形成不理想的面部比例，给人"前额过大"或者"秃"的感觉。特别是在中午时段外景拍摄时，这种上庭过长或者过大的前额劣势则更加明显，造成形象变形，因此，要特别注意调整和纠正。

上庭偏长的一般矫正方法为：可以根据前额骨的情况，在紧靠原发际的边缘施加一些深色进行渲染，或者用前发下垂的方法来遮挡前额。

（二）中庭问题

鼻子位于面部的中庭部位，它的长度决定着中庭的长短。鼻型长会给人留下中庭偏长的印象，而鼻型短则会使人产生中庭偏短的感觉。总之，在总体上会给人带来不协调感。因此，矫正的重点可以放在鼻型的调整上。

1. 鼻型短

鼻型短是指鼻子的长度不够面型长度的 1/3，这样就会造成中庭过短，显得鼻子不够挺拔、明朗、修长，从而会使面部形象显得扁、平、短，给人一种平淡无力、缺少灵气的感觉。如果是播音主持政论性节目，则需要注意强化鼻型的挺拔感，以增加力度。

鼻型短最常见的有三种情况：塌鼻梁型、短鼻型和缺鼻尖型。

（1）塌鼻梁型：指鼻梁骨（硬骨）扁平，形成鼻梁平塌的状态，从而使中庭显得偏短。

用颜色调整的一般方法是：在鼻梁正面扁平处，用浅色提亮，在鼻梁两侧用深色渲影；如果鼻梁过塌，可在鼻侧影旁用浅色反衬，注意深浅对比要适度、自然。

（2）短鼻型：指鼻子形态较好，但长度短于面部长的 1/3，显得面部不够舒展。

用颜色调整的方法是：适当提亮延长鼻梁上下两端，使原有的鼻根提高，而鼻尖下移。从而使鼻梁显长，使中庭部位变得舒展。

（3）缺鼻尖型：此种鼻型是由于鼻尖过平或者过小而造成鼻梁偏短的情况。

用颜色调整时，可用亮色在原鼻尖下甚至鼻中隔部位提亮，也可以用深色配合渲影，营造鼻尖位置靠下的感觉，但要注意按结构去自然表现。

2. 鼻型长

指鼻子的长度超过面型长度的 1/3，感觉上会使上庭和下庭相距过远而使面部失去整体感。这种鼻形容易使面部产生冷漠、生硬甚至刁钻的感觉。因此，有针对性地进行修正很重要。长鼻型常见的主要问题有两种：直鼻型

(通天鼻)和长鼻尖型。

(1) 直鼻型：指鼻根过高，鼻梁从眉心开始笔直向下隆起，形成中庭过长的感觉。

用颜色改变其形态的基本方法是在鼻尖处施加亮色，以形成鼻子的起伏而看上去变短。

(2) 长鼻尖型：指由于鼻尖过长、过尖，造成鼻梁偏长的感觉。

用颜色改变其形态的基本方法是在鼻尖底部用深色进行渲影，操作时要注意把握着色分寸和形态。

(三) 下庭问题

下庭存在的问题主要分为两种情况：下庭偏短和下庭偏长。形成这种形态的具体情况较复杂，下面简单提示一下。

1. 下庭偏短

下庭偏短主要是指鼻尖至下颌底部的间距长度达不到面型长度的1/3。如果是因为下颌偏短而造成下庭偏短，可以用下面方法进行修正：

用颜色来修正时，可以用亮色在下颌尖底部进行提亮，使偏短的下颌显得略长，从而增加整个下庭的长度。

2. 下庭偏长

指下庭的长度超出了整个面部长度的 1/3。一般是由于下颌过于平直造成的。

用颜色修正时，用亮色适当在颌尖处提亮，或者在下颌尖底部用深色渲影，以使过长的下颌产生起伏变化，从而显得相对变短。注意颜色晕染要自然。

（四）眼睛间距问题

两只眼睛之间的距离如果超出一只眼睛的长度或者不足一只眼睛的长度，都会给人一种不好的感觉，严重者会让人觉得传播者"呆木"或者"奸猾"。眼睛是心灵之窗，是交流的重点，因此，它也是妆面表现的核心，其形态是我们在化妆时要特别关注的。

1. 眼距近的调整方法

在画眼线和眼影时，应该尽量往两侧勾画，这样可以使过于集中的双眼显得相对舒展。否则，如果按原形勾勒，会使不理想的形态反而得到强化。

2. 眼距远的调整方法

与眼距近的调整方法正好相反，画眼睛时，要尽量让眼线从内眼角起始，根据具体情况有时可以稍微画出来一些，而眼尾不要画得过长；眼影也要尽量采取内收的表现方法。

(五) 两眼外侧间距问题

两只眼睛外侧间距是指外眼角到耳朵的距离。如果此间距不足一只眼睛的长度，或者长于标准长度，都会产生不和谐的感觉。

调整的基本方法为：过长的距离可以用深色在侧发际边缘进行渲影，或者用侧发适当遮盖；如果距离过短，可以用侧发向两边拉开或者酌情遮盖，这些都可以起到修正作用。

三、面部基本形态调整

人的面部形态复杂而多样，为了便于掌握不同形态脸型的特点，人们把各种脸型的特点加以归纳和概括，并采用几何图形来进行表示。总体来说，人的脸型可以用七种几何图形来概括，即：三角形、倒三角形、菱形、梯形、圆形、卵形、长方形（见图3-2）。下面针对它们的特点分别加以介绍，并对不理想脸型的修改方法进行简单提示。

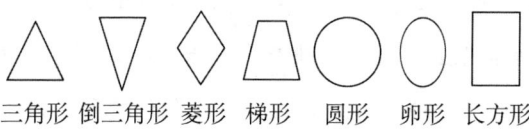

图3-2 人的七种脸型

（一）三角形

从图形上不难看出，三角形的特点是上窄下宽，明显地显现出重量差异。具有这种脸型的人，由于脸型下部过宽于上额部，会使人产生一种沉重、下垂的感觉，容易呈现衰老的年龄状态，或者造成压抑的感觉。因此，这种脸部形态给人留下的印象不佳。

矫正的基本方法：可以在脸型上部偏窄的两侧加宽，在下部较宽的部位收拢。用颜色表现时，可在脸的上部前额的两侧进行匀明、提亮，在下部较宽的部位进行渲影，以呈现上放下收的效果，使脸型变得轻盈起来，增加青春的气息。

（二）倒三角形

此脸型的形态特点是上宽下窄，由于底部支撑面很小，给人一种极不稳定的感觉，人的脸型如果呈现这种趋向，也会给人不稳重、不可信的感觉。因此，这种脸型也不是理想的脸型，需要调整。

矫正的基本方法：一般对待这种脸型可以采用尽量缩小上部宽度而加大下部宽度的方法。用颜色表现时，可以在脸部上额两侧的皮肤上进行深色渲影，以减弱两侧的亮度，而在下部两侧较窄的下颌骨部位进行提亮，使脸型看起来不再具有很明显的上大下小的趋向，使之变得柔和起来，给人一种稳重、可信的感觉。

（三）菱形

从图形上看，菱形由于边角较多，对称感强，但各角偏小而尖锐，所以容易给人留下严谨、刻板、锋利的印象。如果面部有这种形态趋向，就会使人感觉拘谨、严厉而缺乏亲切感和诚意，会影响与受众的交流和沟通。

矫正的基本方法：尽量去掉边角所带来的偏硬感觉，一般可在脸部上、下偏窄部位进行提亮，以增加宽度，而在两侧突出的颧骨处用深色渲影。通过明暗对比减弱多角的印象。

（四）梯形

梯形的边角（上角与下角）过于直硬，而且间距较大。如果是这种脸型，会给人以过于宽大厚重且生硬的印象。

矫正的基本方法：可着重把内轮廓提亮，外轮廓进行渲影，使脸部立体感加强，以收缩过大的脸盘儿；另外可以加强发型的配合，用侧发进行掩盖，这样效果较好。

(五) 小圆形、小方形

这种脸型在形态上总体偏短，容易使五官显得松散而过于饱满，缺乏立体感，显得可爱，但容易给人留下不太成熟的印象。

矫正的基本方法：可用浅色在前额上部和下颌处进行提亮，同时可用发型配合拉长。

(六) 卵形

卵形的形态比其他形态柔和而曲线流畅。女性具有此种脸型，容易获得众多人士的好感，因此卵形是女性较为理想的一种标准脸型。

(七) 长方形

这种脸型周正，给人以稳定的感觉。男性拥有这样的脸型，会显得端庄、大方而阳刚，因此，这种脸型被公认为比较理想的男性脸型。

以上提到的几种脸部形态是比较典型的，但在现实生活中，脸部的形态是非常复杂的，不是单靠这些简单几何图形就能够概括的，还要因人、因时来根据具体情况进行分析和处理。

第三节　化妆设计与造型步骤及操作

一、化妆准备及步骤

（一）用具

镜子（1面）、上妆海绵（2至3块）、粉扑（1个）、粉扫（1把）、眼影刷（1至2支）、腮红刷（1把）、唇刷（1支）、眉刷（1支）、睫毛夹（1把）、小剪刀（1把）、小镊子（1把）。

（二）用品

上妆油、底色、定妆粉、眼线笔、眼影颜色、眉笔、腮红颜色、唇线笔、口红、唇膏、睫毛膏、棉签、美目贴、面巾纸。

（三）化妆步骤（顺序可适当变动）

（1）清洁面部；（2）擦上妆油；（3）在面部等需要部位施加底色；（4）修饰鼻型；（5）根据需要定妆；（6）画眼睛；（7）整理眉形；（8）晕染面颊红；（9）修饰唇部；（10）调整睫毛；（11）整体调整。

化妆时，可根据需要调整、简化程序。

二、化妆的基本操作

（一）认真观察比例关系

首先要仔细观察被化妆者的面部，看看面部的长度和宽度距离标准比例关系是否相差很多，或者面部形态不理想的问题在哪儿。做到心中有数，这样才能有的放矢。如果需要用颜色调整，一般是采用阴影色和提亮色等颜色营造明暗对比来完成。当需要加宽、延长或者鼓突时，用明亮色；当需要收缩、减小时，用阴影色配合即可。

（二）化妆时需要注意的几个问题

1. 忌刻板

过于严格遵照比例调整，使形象千篇一律而失去个性特点和特色。

2. 忌牵强

过于修饰调整，容易失真，也会带来"穿帮"问题，导致信息表达失误。

3. 忌生硬

要防止明暗对比生硬，颜色过渡要自然。

4. 顾全局

要从整体出发，全面综合进行调整，不能只着眼于局部处理。

5. 保干净

保持妆面干净,防止"脏"痕出现。

6. 轮廓清晰

五官的轮廓表现要清晰、自然。

7. 色调统一

整体色调要统一、协调。

(三) 局部化妆的基本表现方法、作用和要求

1. 清洁面部

我们的皮肤表面因为有皮脂,极易吸附空气中的灰尘。如果不进行清洁就开始化妆,会损害皮肤。灰尘中的细菌包裹在化妆品与皮肤之间,在拍摄强光照射下,播音员主持人进入状态时,皮肤血液循环加快,会出现身体发热、毛孔微开的现象,此时细菌极易趁机而入,对皮肤造成伤害。另外,不清洁面部也会影响化妆效果。修饰性化妆最基本的要求是妆面干净,而脸上的灰尘和颜色混在一起,会使妆面颜色发脏、发暗,影响清透感。面部油脂过多的人不洁面就化妆,妆面很容易发生变形。因此,清洁面部是我们在化妆前必须做好且不容忽视的准备工作。

用温水清洗面部，既可去除被污染的表层皮脂，又不会刺激皮肤。皮脂分泌过多的人，洁面后可轻拍一些收缩水，以减少皮脂分泌。

2. 涂上妆油

在清洁面部的同时，不仅去掉了皮肤表面的灰尘，也去掉了皮肤表面的皮脂膜。此时皮肤会发干，这样直接化妆，颜色不容易涂匀，而且颜色会直接接触表皮层，这种方式会对皮肤及化妆效果带来不利影响。因此在清洁后的面部施加适量上妆油是必不可少的一项内容。

涂底油虽然很重要，但也不是越多越好。底油涂得过多，会给化妆效果带来负面影响。首先，会使妆面"脏"而"花"，由于用量多，皮肤表面过滑，颜色附着不上，容易形成妆面有浮感而不易涂匀；其次，过多的底油在光照下会形成反光，使面部形象失去清丽感而变得模糊不清；最后，由于底油涂得过多，过量的油在灯的热效应作用下，稀化而不稳定，使得颜色随着油的稀化而顺着皮肤纹路外扩，造成线条等的变形，从而导致整个化妆形象失真。反之，底油涂得过少或者不均匀，也会使面部干涩，颜色难以涂匀以致影响妆面效果。

因此，底油的用量要适中，可根据化妆者皮肤性质

（偏油性、偏中性、偏干性或油性、中性、干性、混合性和敏感性等）和季节特点来掌握用量。总体上油性皮肤用量要少，干性皮肤可以稍微多些；冬季用量偏多，夏季用量偏少。总之，底油应该在面部薄涂一层，以皮肤润泽为适度。

涂抹底油的正确方法：要按照面部肌肉纤维生长的自然规律，以中指和无名指并用的方式，将适量的护肤底油由面部中央向四周轻轻均匀施加，不要用力过大以免拉伤皮肤。

3. 涂底色

涂底色在化妆中可以起到修正肤色、矫正不理想脸型和遮盖瑕疵等作用。涂底色是真正进入化妆的第一步。它对于整个脸型的大致轮廓起着非常重要的作用，一定要给予重视。

我们知道，生活中每个人的肤色都有所不同，有红润、光泽的，有偏黄、暗淡的，有苍白、无活力的，等等。而这些皮肤的种种色泽在电视屏幕中会被集中明显地呈现出来。从审美角度看，它直接影响形象的美感。为了美化肤色，可以通过涂底色来改善不完美的皮肤色泽。另外，为准确地表现播音员主持人这一特定形象而调整肤色，形成一种健康的皮肤色泽，也是涂底色的重要意义。

除此之外，在面部的不同部位施用冷、暖、深、浅不同的底色，可以使脸型由大变小，由小变大；由平变鼓，由鼓变平而产生视觉变化。通过涂底色还可以创造所需要的假定面型。

面部的痣、色斑、雀斑以及皮肤下微透出来的毛细血管、红血丝等在电视屏幕上会使皮肤显得有斑块、色泽不均匀，从而产生"脏"而"花"的视觉效果。这些局部现象直接影响整体形象的美感和状态。通过涂底色，可以对上述缺陷加以遮盖和掩饰，使颜色统一，达到理想的要求，进而焕发面部光彩。

使用基础底色时，用色要薄，遮盖住肤色即可，以呈现自然、真实、健康的肤色以及展现所需要的面型轮廓为宜。若采用"重彩修饰"，可以比"淡彩修饰"所用的基础底色稍厚，适当强调一种装饰美，使皮肤色泽达到一种理想的假定状态，但也不宜过厚。

在选择底色时要注意几个问题：首先选用适宜的颜色。底色有不同的颜色：浅的底色为提亮色或高光色；与皮肤较为接近的是偏暖的底色，在化妆中作为基础底色的基本色；而颜色中较深的底色作为阴影色。在修饰性化妆中选基础底色时，一般选用比正常肤色更亮、稍高一至两度的颜色，以增加面部的亮丽感，面部轮廓较大的人可用稍深颜色处理。播音员主持人的基础底色不可失真（过白、过深），应该追求自然、健康、亮丽的肤色感。

另外，底色的透明度要高。底色应该选用专业性的化妆底色，以基底细腻、质感好、颜色正而不混杂、润透性较高的为宜。除此之外，还有一点也很重要，就是底色的覆盖力要强。用覆盖力较强的底色，可以用很少的颜色就将面部等覆盖并修正，并保证肌肤薄而透的自然效果。这样就可以避免为遮盖肤色而施加过厚的底色，造成皮肤色泽失真。

如何涂底色，下面作简单提示：涂底色有几种不同方法。对初学者和修饰性化妆造型者来说，用化妆海绵涂底色是一种简单快捷、方便容易的方法。

先将化妆海绵蘸取少量粉底液或粉底霜，由上而下，由内而外地在面部斜向涂开。利用海绵的弹力均匀涂抹，勿用力过大，防止造成皮肤拉伤或出现颜色不均匀的现象。底色是"第二层皮肤"，修饰时，要适量、均匀，特别是不能遗漏嘴角、眼角和鼻唇沟处。

涂底色不能只涂面部，还应该包括与面部相接的脖颈等裸露在衣服外边的身体其他部分。这样，身体其他部分的皮肤与面部颜色统一、协调，构成真实可信的整体假定肤色。脖颈涂底色时可顺其肌肉走向，从上到下轻轻涂抹，注意与面部颜色衔接。

4. 鼻侧影

无论先天自然的鼻型状态如何，在面部施用底色后，整个五官轮廓都会在视觉上变得模糊不清。由于鼻子处于面部中庭的重要位置，它的起伏对于整个面部的立体形态影响较大，如不调整修正，会使面部缺乏立体感，或者造成失衡的不佳状态，因此鼻型的修饰也是化妆中非常重要的一个环节。很多东方人的鼻骨较平、较宽，受光后缺点更为明显，会使面部五官缺乏清晰、立体的生动感。除此而外，先天和后天因素使自然鼻型或多或少总有不尽如人意之处，如长、短、大、小、高、低、歪、塌等。鼻侧影可以从外观调整以上不佳形态，通过巧妙处理，对原型在视觉上加以修正。

首先，要了解和掌握鼻子的主要组成结构和在面部的位置，这是进行改型与调整必不可少的基础。

在化妆中，以被化妆者正前上方主光的投照为标准进行表现，此时面部上鼻子应该是最高的，鼻子受光时正面最亮，而两侧偏暗。所以为表现这种自然形态，一般把鼻梁正面提亮，鼻侧画暗，使鼻子挺起，展现一个较理想的体积结构。

在正常情况下画鼻侧影时，用化妆笔蘸取少量阴影色，从眉头下、眼眶上缘、鼻骨侧，画一条弧线；一般应该在鼻梁与内眼角的中间，两头虚开，可一直延伸到下面，一般不拉到鼻尖，以避免鼻型过长和不自然。需要注意的是，要自然地表现鼻子的立体感。

5. 定妆

定妆是化妆中看似简单但必不可少的一项内容。它能够有效地防止因带妆时间过长而产生的脱妆和妆色移位造成的变形。另外，它也可以防止面部过多的油光所形成的妆面不清洁感。适当地使用定妆粉可以使妆面色彩保持柔和的效果。生活中有各种颜色的定妆粉可以选用，我们在出镜化妆过程中，一般选用透明度较高的、粉质细腻的肉色即可，最好不要用带有其他彩色颜色（过深的颜色）的定妆粉来定妆。

定妆的基本方法是：首先，以粉扑蘸取少许定妆粉，揉匀。其次，在妆面上轻轻按压。再次，用粉刷清除妆面上的多余浮粉。扑粉的顺序可以从上到下，从内到外，先浅后深。也可以用粉刷，从额头至鼻梁—面颊—面部两侧—下颌—脖颈，轻轻扫粉（如图3－3）。

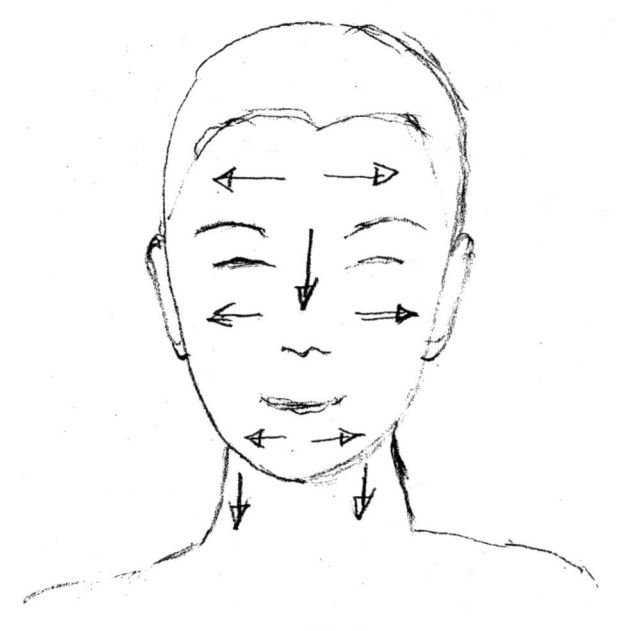

图3－3　定妆基本方法示意图

扑粉不可过多、过厚，以薄为宜。面部"T"字带以及上、下眼睑等活动较多的地方要认真细致地定妆，以防止脱妆。

6. 眼线

东方人的眼睫毛一般都比较短且相对稀少,因此,眼睛的神韵较弱,拍摄时在光照下更会显得眼睛无神。特别是不少人的眼睛形态也很不理想,有倒挂的、有上斜的、有过圆的、有细长的……这些都会影响用眼睛来传神的效果。我们可以通过画眼线的方式增强眼睛的神采,调整不佳的眼睛形态,使传播者的眼睛变得形态适宜并炯炯有神。

画眼线时,应用化妆笔的一端侧锋紧贴眼睫毛,从内眼角拉到外眼角至眼尾时,逐渐提拉收笔。

应把握以下基本原则:

(1) 线条——上眼线略粗于下眼线,上长下短,眼尾一般不封闭;

(2) 颜色——上深下浅;

(3) 运笔——内实外虚。

7. 眼影

眼影可以表现眼部结构,体现眼睛和骨骼高低的体积感,表现骨骼、眼睛的一种内在关系。利用眼影的深浅、虚实、颜色等变化,可以在视觉上改变眼睛原有的形态。比如,自然鼓凸的眼睛经过眼影修饰,可以变得平缓而柔和；眼睑肥厚、小而无光的眼睛，经恰到好处的眼影修饰，会使其增大而具有神采；相距远而呆滞的双眼经眼影处理，会变得明亮而活泼。

眼影具有装饰性。它在表现眼部结构的同时，随着色感变化以及眼部立体感的增强，颜色对比也随之加大，或强或弱地装点、渲染着眼部，形成一种修饰后的色彩氛围和形态。

眼影的基本表现方法如下：用眼影粉来表现眼影时，可用一支眼影刷，适量蘸深色或冷色眼影粉，在上眼睑紧靠眼睫线的上方轻轻晕染，以增大和强化眼睛晶体部分的印象。另外，也可以用眼影刷在眼睛的上眼睑后半部分的地方适当进行渲染，以表现出眼睛的立体结构，从而使眼睛显得大而有神。

以上两种方法可以根据具体需要、结合被化妆者本人的具体条件进行。特别是如果男性需要画眼影时，要注意自然，不要留有修饰痕迹。

8. 眉形

眉毛是眼睛的框架，它的形态和眼睛所表达出的神情紧密相关。眉毛可以有多种形态，由此构成不同类型。不同的眉形可以表现出不同人的性别、年龄、内心状况以及个性等,所以在眉形的选择上,要根据个人条件和具体节目需要去考虑。另外,眉毛形状可以调整脸型,使不理想的脸型通过眉毛线条的走向、宽窄弧度等变化形成较理想的形态。

对于初学者来说,眉毛的自然调整难度较大,这就需要先了解眉毛生长的规律和基本表现形态。这些知识在前面的相关内容中已作简介,在此简单给予要点提示。

我们把眉毛的自然形态分为眉头、眉峰、眉梢三个部分(见图3—4)。标准的基本眉形是:眉头至眉峰长度为整条眉长的2/3,眉峰至眉梢为整个眉长的1/3。我们在化妆时要根据眉毛这一基本特点和具体情况来综合处理。

眉毛的表现方法如下:

用眉刷蘸眉粉从眉头处轻柔地提拉扫向眉峰,然后再从眉峰逐渐扫向眉尾。画眉时要"两头淡,中间深,上边虚,下边实"。控制好用笔着色的力度,使眉毛呈现出自然状态。

女性眉形可以呈现修饰状,男性的眉形要表现自然感。另外也可以用眉笔画眉形,但在初学阶段最好不要使用纯黑色眉笔来勾画眉毛。

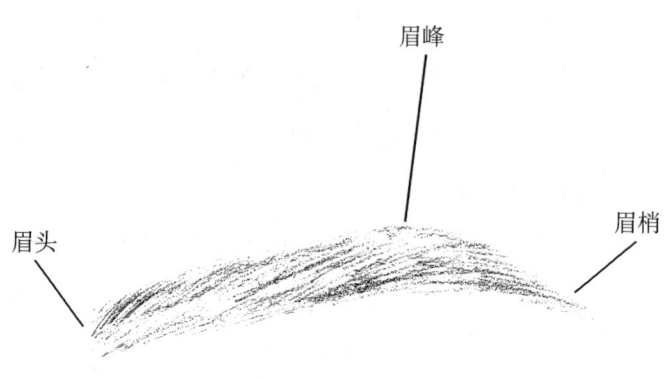

图 3-4 眉毛示意图

9. 颊红

适度的颊红可以带给人一种健康、青春和活力感，它能营造出一种振奋精神的氛围。不仅如此，颊红对整体面型轮廓的修正也具有很大的作用。比如：对于脸型较宽的人来说，在涂颊红时略微从纵向施加，会使其脸型看起来变窄；而脸型偏窄的人，在涂颊红时，可以稍微从横向施加，这样就会使脸型看起来比较理想（当然，还需要其他相关部位形态配合）。有些人的面颊、眉骨、前额等处过于扁平，也可以在较扁的局部适度、准确地运用颊红，产生丰满、通透感。另外，涂颊红的基本位置除考虑脸型的因素外，大多数情况下应该重点涂在颧骨处，这样才能够展现出一种青春朝气。

颊红颜色的选择对整体妆面所表现出的氛围具有很强的影响力。我们从播音员主持人的造型要求出发，应在"粉红、玫瑰红、橙红或棕红"等不同色系的颜色中，根据节目特点、风格以及整体造型的需要去选择，以表现面部自然红润的状态，来展现其形象应有的活力和亮丽。

涂颊红的表现方法如下：

根据所用颊红的品质、类型不同，施用颊红的方法会有很大差异。修饰性化妆用粉质颊红比较简单、方便、快捷。使用的方法是用一支颊红刷，蘸适量颊红色，在面部颧骨部位进行轻柔刷扫晕染。

具体要求为：边缘与底色自然衔接，有重点，要左右颊红对称，位置准确，富有立体感。

注意事项如下：

（1）颊红的用色、用量，要根据本人具体条件和需要适度掌握，不可过红；

（2）颊红晕染位置要根据本人情况灵活掌握；

（3）晦暗以及高纯度的颊红颜色不宜使用；

（4）粉质颊红一般不要直接用在偏油的粉底上。

10. 嘴唇

嘴唇是面部器官运动幅度较大的部位，因此，其形态以及颜色对人的整体状态表现影响很大。红润饱满的嘴唇能够给人以青春、有活力的外观印象，而和谐适宜的唇型对平衡面部整体轮廓具有重要作用。

人的唇色和形态所构成的不理想状况有多种表现，如：有的人嘴唇过于鼓突、有的过于凹陷，有的过于下挂，有的斜向牵拉……这些现象在外观上会使面部出现比例不协调感，会影响相应的表情状态。

对此，播音员主持人需要及时调整和准确纠正唇部状态。唇部以自然为佳，端正为宜。在调整时要防止对唇部的夸张修饰。我们将"问题唇型"大致归纳如下：小唇型、大唇型、厚唇型、薄唇型、上翘型、下挂型。大家可以根据这些唇型的特点去对应自己的唇型，以标准的基本唇型（见图3－5）为参照，选择相应的修正提示，来改变不理想的嘴唇形态。

嘴唇形态的表现方法如下：

首先，在嘴唇上薄薄地涂一层润唇膏，然后，用唇线笔从上唇中间沿唇边分别向左至左唇角、向右至右唇角勾勒出上唇适宜的轮廓，再在下唇的唇边根据整体脸

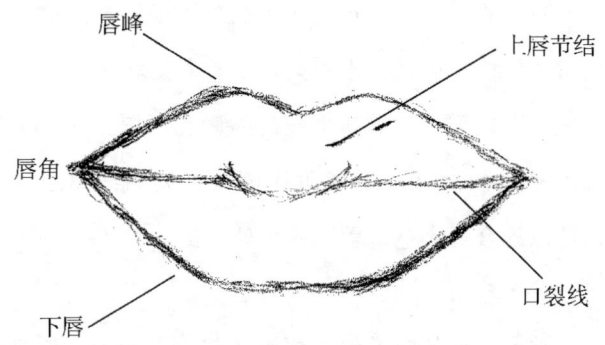

图 3—5　唇型简图

型的需要勾画出理想的下唇轮廓，然后在其轮廓内涂上口红颜色，使唇线与口红颜色融为一体。

几种"问题唇型"的修正提示如下：

（1）小唇型、薄唇型——对于偏小或偏薄的唇型，勾画唇线时要适当地加宽嘴唇轮廓，并且在加宽的唇线与原来自然唇边之间涂上比原唇口红色偏深些的口红，以保证加宽的部分与原来嘴唇色调一致，使调整后的唇型自然、完整。

（2）大唇型、厚唇型——在画嘴唇前先用底色将唇周遮盖，然后再在原唇内画小唇型或薄唇型。厚唇改薄时，唇型的弧度不要太大。

(3)上翘型——矫正过于上翘的形态时,上唇的唇峰到唇角连线要画得稍平缓些,不要太陡。

(4)下挂型——嘴角下挂的嘴唇在画唇角时,上唇线可以稍微画短些,下唇角线可比上唇角线略长,另外,可以配合提亮色遮盖下唇角处阴影。

11. 睫毛

浓密而上翘的睫毛能够使眼睛明亮而动人。但是大多数东方人的眼睫毛长得较短而且直硬,缺乏浓密度,眼睛的神采略显不足。因此,要使我们的眼睛增加神韵,对睫毛的修饰也十分重要。

修饰睫毛的方法如下:

首先,用睫毛夹轻轻地夹翘上睫毛,然后用加长睫毛膏(防水)的刷子,沿着睫毛根部由下向上轻轻顺着睫毛翘起的方向顺刷,尽量不要闭眼,等待睫毛膏干后,再在睫毛根部用睫毛夹,再次夹翘睫毛。下睫毛可直接用睫毛刷竖着从睫毛根部向外刷。

如睫毛膏不慎粘在眼皮上,最好稍等片刻,再用棉签去掉,以保证妆面的干净。

佩戴假睫毛是人们弥补自然睫毛不足的一种手段,以此来改变眼型和增加眼睛的神采。佩戴时一般可先把自身的睫毛用睫毛夹夹翘，在选择好的睫毛底线处用乳胶轻涂，稍等片刻待胶稍干有黏性时，可用镊子夹住睫毛中部贴在上眼睫毛的上端，分别向两边轻压粘住，使睫毛真假合并，也可以用睫毛膏再做些处理。

以上介绍的是面部化妆最基本的表现方法。操作者在根据个人的实际面部情况进行化妆时，必须要结合自己的骨骼、肌肉等特点来灵活运用表现技法，不要机械地照本宣科、生搬硬套。在实际操作的过程中，要手、眼、大脑充分地调动和配合。化妆要求应达到：妆面干净，健康亮丽；五官清晰，线条流畅；结构表现准确、生动；色调要求和谐、自然。化妆造型是实践性极强的一门艺术，化妆的方法只有在实践中操作、体验和落实，才能够最终掌握并运用自如。

思考题：

1. 化妆造型可以分为几大类型？对传播者的形象有何意义？

2. 化妆的基本程序都有哪些内容？化妆程序如何灵活运用和从简？

3. 内景拍摄和外景拍摄在化妆上有区别吗？如何

把握？

4. 面部比例关系对自身形象的调整有何意义？

5. 面部调整的重点在哪里？如何通过化妆解决？

6. 电视化妆需要具备哪些基本用具及用品？

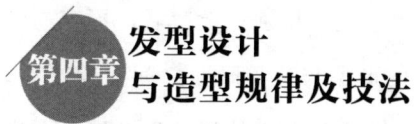

第四章 发型设计与造型规律及技法

第一节 发型与人体外观条件的关系及调整方法

发型塑造是播音员主持人形象造型的一个组成部分，也是造型通常使用的表现手法之一，在形象整体造型中具有调整、配合以及烘托效果的作用。自然、准确、巧妙、合理地调整发型，可以在外观上弥补形象的不足和进行相应的气质转换，对于播音员主持人形象的改变具有举足轻重的作用。因此学习和掌握发型的相关知识和调整的规律，是塑造播音员主持人形象不可缺少的重要内容。

发型是利用遮盖和协调来配合化妆和服装共同完成整体形象的塑造与表现。

一、发型与头颅形

东方人的头颅形一般呈现较方、较宽的形状。这种形态使得面型正面横幅较宽，特别是上镜后，更容易给人留下扁平的印象，使形象与背景画面之间显得平叠，缺少透视空间，从而影响视觉直观效果的生动性。适当利用发型增加脸型的立体感，是弥补不足的最佳选择。比如，对于后枕骨扁平的头颅形，应该选择有丰盈发量的发型。

二、发型与脸型

发型与脸型的关系是发型造型的重要依据。东方人的脸型从整体形态上大致可划分为六种脸型。不同脸型以其不同形态的特点，会给人留下不同的感受和印象。然而发型的变化和调整可以使头部造型在整体上达到所需要的效果，从而使脸型变得更加完美。下面简单介绍几种常见的脸型与发型搭配的方法。

（一）三角形脸型

三角形的脸型主要是指脸部左右下颌骨比较宽大，而上半部略窄的形态。修饰这种脸型所采用的基本发型，应以扩大额部宽度，适当收拢下部头发的基本形态为佳。比如，一般头发的分路宜采用由中向外的斜线分法，不宜向后梳分。无论中分或侧分发，都需要把额头两边头发向左右两侧适当展开，减弱下颌骨宽大的视觉印象。

(二) 菱形脸型

菱形脸型是指脸部额头较窄而颧骨较高，脸部颌角偏小的一种形态。这种脸型适宜采用上下横扩、中部遮掩的基本发型进行调整。一般头发的分路宜采用侧分，前额头发不宜后梳，可适当斜向侧面，增加蓬松感，使脸型整体效果变得柔和。

(三) 倒三角形脸型

倒三角形脸型一般是指脸部左右两额角之间的距离较宽，而两颧骨、两下颌骨之间的距离依次明显递减，呈上宽下窄的形态。这类脸型适宜采用的基本发型，应以增加下半部分发量，使其蓬松、丰满的形态为佳。比如，可以采用全部下垂的前发遮挡过宽的额头，同时，适当蓬松侧面头发，以增加侧面头发的量感，这样处理会使脸型显得柔和一些。

(四) 大脸型

大脸型一般是指脸型较平而过大的一类脸型，其中以梯形居多。这类脸型的发型选择，适宜采用遮掩式或包盖式，增加纵向长度的发型。比如，一般长发的分路，以中分为宜，可以把头发顺延脸部周围自然垂下，盖住双耳至两侧下颌骨，发尾略微向内遮扣，使脸型看起来略窄而显得偏长（一般长发的分路，以中分为宜，短发则稍偏分缝，不会增加面宽感，黑发具有收缩减小的作用）。如果侧分则不可过偏，可以把头发沿脸部周围自然垂下，盖住双耳至两侧下颌骨，发尾略向内扣，使脸型看起来窄而长些。也可以采用削层式短发，用错落有致的发梢包盖脸周，使脸部感觉缩小。如果采用卷烫发式，注意前额处头发宜做平直处理，两侧及周围可做波纹状，但不可过于蓬松。

（五）长形脸型

长形脸型是指面部纵向比例偏长的一类脸型，一般长方形偏多。这类脸型适宜采用的发型，应该以掩盖前额或者整体较为圆润、蓬松的发型为宜，特别是以丰隆的侧发发型为佳。比如，脸部左右侧发可以蓬松一些，呈现波浪状，以增加横向宽度，使脸部变得丰满而柔和。头发的分路应偏向一侧并向外斜分，头发不宜高梳。脸部左右侧发可蓬松呈波浪状，以增加横向宽度，使脸部变得丰满而柔和。额前发可采取掩盖额头的下垂式处理。也可以根据具体情况，不盖额头而使前发斜向一侧，"无帘型"与侧发构成脸部横拓的圆润效果，从而使过长的脸型得以修正。

（六）短形脸型

短形脸型主要是指面型偏短的一类脸型，其中小方形和小圆形脸型较多。这类脸型选择搭配的发型，应该以增高顶部头发而两侧头发较为收拢的发型为宜。比如，头发的分路可以采用中分或无分路向高梳；也可以吹耸前发，或者垫高顶部头发，前帘呈扇形略盖前额，达到增加脸部长度的视觉效果。同时可以利用侧发在脸旁遮盖或呈自然垂落状，使面型显得较长而秀美。圆形脸的人，应侧重考虑发梢和顶发上下线条的延伸。而方形脸的人，要侧重考虑利用发梢形态的变化，掩盖或削弱上额角与下颌角方大、过硬的形态。

以上仅以较为常见的几种不佳脸型为例，简要说明发型选择的要点。在现实生活中，人们的脸部形态比较复杂，因此，在电视造型中选择具体发型时，要参照上述基本规律，根据个人实际情况并且结合节目特点以及在节目中的"角色设置"，因人而异地灵活对待，才能够发挥发型的最佳作用。

三、发型与脖颈

人的颈部长度一般较理想的标准是占头颅长度的三分之一左右，而颈部宽一般为头颅长度的二分之一。在比例上偏短和较长以及过细或粗壮的颈部，都会使人在视觉上产生不协调的感觉。利用发型来调整和掩饰脖颈的不理想状态，是整体比例调节的一种手段。

下面简要介绍一下基本要点：

(一) 女性

1. 长脖颈

一般脖颈长的人，发型不适宜剪、梳成过短的发型或者留垂直长发。以中长短发、发梢呈现内扣或者外翻形态为佳，这样可以减弱颈部过长的印象。

2. 短脖颈

脖颈偏短的人，适宜剪短发，或者将头发高梳，露出脖颈，也可以留短长发，在颈项两侧发梢处做分层修剪处理，用头发动态的线条营造颈部修长的感觉。

3. 粗脖颈

颈部较粗的人，适宜选择能够起到遮掩作用的发型。比如，脖颈处内侧分层修剪的中长发、长短发等发型。利用头发内扣，或者弯曲的发梢线条，掩饰较为粗壮的颈部。要注意脖颈周围的侧发，不适宜过于蓬松。

4. 细脖颈

脖颈细长在生活中被视之为有得天独厚的优势，可以与任何发型相搭配,但在电视图像中脖颈细容易显得孤立、单薄。因此,此种脖颈则较适宜采用颈部发量比较丰满而且蓬松的发型。比如,向外翻翘的长短发、波纹式长发等。

(二) 男性

男性发型的基本形态一般是在短发基础上进行变化,因而耳朵上面的侧发与脖颈关系较为密切。脖颈较细者,可以考虑侧发适当贴靠头部而不宜蓬松。脖颈较粗者,可适当酌情横拉侧发、略微蓬松,以在视觉上减小对比感,使比较粗壮的脖颈感觉适中,从而使形象显得舒适、协调。

以上是利用发型与脖颈关系的调整来达到人体比例相对平衡的基本方法。在实际操作中,它们之间的关系配合与运用,一定要根据具体情况综合考虑,灵活处理。

四、发型与身材比例

由于头发的生长位置,使得它与头颅和面部构成了一个关系紧密的视觉整体。发型的轮廓在人体比例的整体观察中,被视为头部的象征,因此它的形态变化对身体的比例平衡有很大影响。在发型的选择上要注意按照人体比例的基本关系(前面解剖知识中已做介绍),结合自身条件去综合把握。

下面简单介绍一下发型与身材协调的基本要点。

(一) 身材高大型

凡属于个子偏高、体型较魁梧者,从形态上看一般不适宜留过长、过于膨胀的发型。宜采取整洁、略微蓬松的短发、长短发、中长发,发梢略微后扬的发型。这样可以增加轻盈、干练的感觉,以减弱厚重、粗犷的印象。

(二) 身材矮小型

个子偏矮的人,在发型的选择上应该尽量挑选向后高梳或者较短清爽的发型,以增加轻巧、挺拔的感觉。不适宜留长发或者过厚的发型,特别是不要选择过于蓬松的发型。

(三) 胖型

体型较胖者,其发型的轮廓线应尽量避免呈现圆形状态,不适宜采用长发,可以选择直线条的包盖式短发,以简洁的线条给人留下可爱、干练的印象。此外也可以采用微翘的卷烫式中发,适当扩大头部比例,使身体上下差距相对减小,从而形成较和谐的视觉感受。

(四) 瘦型

体形较瘦的人,其发型不宜过大、过于蓬松。否则容易给人留下"大头小身"的印象。一般选择以微烫式的短发、中发为佳，可以使脸部秀丽而丰盈，从而与较瘦的形体形成互补。

以上简要指出了形体与发型配合的基本要点。在形象的整体造型中，因为各种综合因素的影响，它并不是绝对不变的，在实际造型中我们一定要根据具体情况，全面、灵活地把握和运用。

第二节　发型与生理条件及状态调整的关系

任何发型都是受头发的性质制约的。关于头发的具体结构和性质在前面解剖知识中已做介绍，不同的头发结构以及性质等会使头发产生不同的表面特征，它所形成的发质、发量和发流向等是发型造型的基础条件。因此在发型造型时，必须要根据头发的性质、发量以及表面特征，来选择、设计适合的发型，这样造型后的发型才容易保持持久、稳定，否则将极易发生变形。

一、 发型与发质及发量特点的关系

下面简单介绍几种不同发质、发量的基本发型选择要点。

（一）直硬发

这类头发的特征是：直、黑而且偏硬，是东方人所具有的头发特征。这种类型的头发缺乏柔和感，但修剪起来很方便，容易出效果。一般具有这种发质的人，在选择发型时，应该尽量避免过于复杂的发型设计，适宜简洁、大方、流畅的长发或者短发，以表现青春和自然的活力。如果需要展现柔美、华贵的状态，最好将头发进行短时冷烫处理，使之变得柔软、蓬松一些，然后作大波纹处理，使发型整洁而柔和，突出华丽、典雅的气质。另外也可以选择简洁修剪设计成型的发型，打造时尚韵味。

（二）绵发

绵发是指较柔软的头发。这类头发的特征是：毛干偏细，毛发较软而弹性不足，发色依人种不同有黑、黄之分。这种发质具有柔顺、伏贴、便于梳理整形的特点，适宜多种发型的表现。东方人由于面部较扁平，在选择发型时，应该根据具体情况和需要，适当选择有一定层次、变化的发型为佳。以此增加面部俏丽、明朗的感觉，使沉闷、平庸的面容变得生动亮丽。

（三）钢发

钢发一般是指过于粗、硬的头发。这类头发的特征是：毛干较粗，直挺而富有弹性。这类头发如果事先不进行柔软处理而直接造型，很容易出现不顺服、难以成型的状况。因此拥有此类发质者，适宜先将头发稍微冷烫处理，经过柔化后，再根据情况选择发型。一般情况下，女性不适合选用过短、过碎、层面过多的复杂发型，可以选择内卷或者外翻式中发等，其中以设计简单、修剪成型的发型为佳。男性选择短寸头为佳。

（四）油发

油发是指本身含油分较多的一类头发。其特征为：抗腐蚀，稳定性差。这种头发由于自身含油分偏多而形成一定黏性，极易使头发伏贴和下垂，导致发型变形。因此具有此类发质的人，在选择发型时，最好不要选择蓬松和复杂的发型，选取富有垂感和动感的修剪成型的发型设计为佳。例如，短、中发可以利用修剪层次，表现线条的变化，使发型丰满而增加活力。长发可以自然留垂，或者根据情况适当将头发提前稍做冷烫处理（避开发根），利用波状线条改变发型呆板的状态。全盘式发型也适宜此种发质。

（五）沙发

沙发一般是指自身缺少油分、干燥蓬松的一类头发。

其特征：柔韧度差，易断，无光泽。此种发质需要特别保养。在选择发型时，不适宜选取卷烫发型，以防头发因更加干燥而蓬起。一般情况，可以利用此类头发蓬松的发质特点，剪成超短式发型，或者梳理成盘式发型，可改变直、"毛""炸"的感觉。在电视节目内容、风格允许的前提下，直接利用此发的特点，做出辫式的时尚发型。

（六）卷发

卷发是指先天自然卷曲的头发。它的特征：毛干曲卷，有小卷、大卷之分。一般具有这类发质的人，头发蓬松、弯翘，不容易整体伏贴。在选择发型时，小卷发质的人，以头发编、盘、后梳为佳，而大卷发质的人，适宜利用自身的卷发条件，根据具体情况和需要，选择波浪式发型或者波纹式发型。

（七）过少的头发

这是指头发较细并且发量偏少的一类头发。其特征为：毛干较细，缺乏弹性和柔韧性，极易伏贴。拥有这种发质的人，最适宜选择伏贴梳理的发型。总体上应该以小巧、简洁、秀美的发型设计为主。为了增加丰盈的量感，也可以选择略带小卷的发型。如果发量过少，还可以适当添加假发。另外，此类头发不适合选择大波纹等突出卷烫效果的发型。

（八）关于假发的佩戴

使用假发是发型造型的一种手段和方法。假发的应用主要是弥补发量不足或提供给非专业人士快速变换发型的方法。运用得当，可以假乱真，方便实用，适合现代社会快节奏改变形象的需要。播音员主持人在出镜形象中可以根据需要酌情使用假发（发片，头套等）。使用原则是：自然、真实、得体。注意发色和真、假头发的衔接。

（九）过多的头发

此种类型为头发过密而且过厚。由于发量过多，容易显得头大，与脸部形成不和谐的比例关系。因此，在发型的选择上，应该避免蓬松式发型，尽量采用简洁的直发修剪整理的发型。必要时可以从头发内侧，将头发适当打薄。另外，采用盘扎式的伏贴处理来进行调整，也比较适合这类头发的造型。

二、发型与年龄的关系

处于不同年龄阶段的播音员主持人，其所具备的生理造型条件以及阅历积累都会有所不同。在播音与主持时，应该按照各自的特点和节目需要，准确采用相应的发型式样来进行造型，以表现与自身年龄状态相吻合的品位，体现出得体的魅力。

年轻人性格开朗、活泼，思维敏捷开放，易于接受新鲜事物，体态、五官、皮肤和头发等正处于人生的最佳时期。因此，处于这一阶段的播音员主持人可以在适合自身特点和电视节目信息传播要求的范围内，挑选和采用具有时代气息的发型，但是对于过于前卫的发型选用宜谨慎。

人到中年，体态、肌肤、头发等功能开始出现微衰的不利状况，但阅历的丰富会使人形成稳重与成熟的魅力。因此，处于中年阶段的播音员主持人，在发型的选择上应该根据自身条件，体现适度的亮丽和青春，以追求成熟、潇洒、大方、秀丽、高雅、具有品位的美为标准。适合女士的发型有：波状发、短发、中长发、盘发、发髻等，男士的发型可结合自身情况和节目风格，留分头、背头、寸头等。总之，应该避免沉闷和过于活泼的发型。

步入老年，人的身体机能开始明显衰退，呈现出皮肤松弛、下垂，面部轮廓改变以及头发明显变白、脱落等特征。生理条件的变化，无疑对形象美的展现带来更多局限。此时，发型的塑造应该扬长避短，利用老年人丰富的人生阅历、经验、知识，烘托出独特的气质，去展现他们所具有的成熟、平和、从容的特点。总体上，老年电视节目主持人的发型，应该选择简洁、大方、自然的短发发型。女性还可以选择中发型、波状短发等。干练的短发，不仅能够传递出适宜的个性，还能使老年人下垂、萎缩的体态及面容显得丰润、向上，洋溢出生命的活力。

总之，年龄与状态的差异及变化是人生的自然规律，在播音或主持节目中，播音员主持人的发型造型要合理表现，不可牵强。

三、发型与气质的关系

头发造型是一门艺术，是发型师根据人对颜色，线条等形态的感受和联想，利用头发的物理、化学变化等手段，对其塑造来表情达意的结果。造型使得头发具有了人的情感色彩。因此，在造型领域里利用它特有的信息传递，能够起到烘托和改变气质的作用。这其中，发型所具有的基本意向能否与所需气质相协调，是发型选择成功与否的关键，也是播音员主持人准确把握形象信息的具体体现。

（一）女性

发型千姿百态地变化着，但就女性发型的长短、基本形态大致可以分为几种：长发型、中发型、短发型、直发型、波状发型、盘发型和辫发型，等等。不同发型具有各自特有的基本个性。

下面对其简单分类归纳。

1. 长发型

青春活力的象征。

特点：飘逸、活泼、动感、流畅，适宜年轻女性及相貌年轻的中年女性。

2. 中发型

成熟魅力的象征。

特点：端庄、大方、稳重、潇洒、优雅，适宜中年女性及年轻女性。

3. 短发型

清爽、干练的象征。

短发型一般可以分为超短型和短型两种：

（1）超短型特点：时髦、干练、活泼、有个性。

（2）短型特点：简洁、精干、秀雅、成熟。

通常情况，超短型短发适宜年轻女性以及相貌略显年轻的中年女性，普通短型适宜老、中、青三个不同年龄阶段的女性。

4. 直发型

简练、清纯、舒展、自然，具有纯洁、大方、静雅的格调。

5. 波状型

浪漫、活泼、柔和、丰满，具有成熟、洒脱、富于情趣变化的格调。

6. 盘发型

含蓄、典雅、清秀、高贵，具有高雅、成熟、端庄、静雅的格调。

7. 辫发型

这种发型具有两级化特点。一方面可体现单纯、传统、乡土气息，具有淳朴、怀旧、保守的乡俗感，另一方面也可体现活泼、时尚、异域风情。

(二) 男性

随着时代变迁，男性发型也在不断地融入新意，打破成规而变得丰富多彩。但在正式场合容易被人们接受的发型，还是在具有传统特征的男性短发基础上变化的发型。其主流基本发式有：分头、背头、寸头、短头等，非主流发式有：光头、短卷发、马尾辫等。

下面简要概况其表现特征：

1. 分头式

分头有侧分和中分等不同式样。

（1）侧分式——文雅、大方、灵气、精干。

（2）中分式——圆滑、不羁、修饰感强。

2. 背头式

背头式有长背和短背两种式样。

（1）长背式——成熟、老练。

（2）短背式——轻盈、活力、霸气。

3. 寸头式

寸头式有板寸、普通寸头、草寸等式样。

（1）板寸式——年轻、刚硬、个性。

（2）普通式——自然、朴实、憨厚。

（3）草寸式——青春、活泼、时髦。

4. 短发式

朝气、干练、清丽、青春、时尚。

5. 光头式

干练、率真、个性。

6. 短卷发

飘逸、浪漫、清新、成熟。

7. 马尾辫

自然、率性、中性风格。

以上是基本发型的个性趋向及特点。播音员主持人在实际运用中,应该根据自身的气质特征以及节目需要,准确、灵活地选择、运用发型,使发型在整体形象造型中能够充分发挥出特有的协调、强化和烘托气质的作用,完成发型在播音员主持人形象造型中的任务。

第三节　几种现代发型的演变和特征简图

一、男士发型

　　(一) 分头

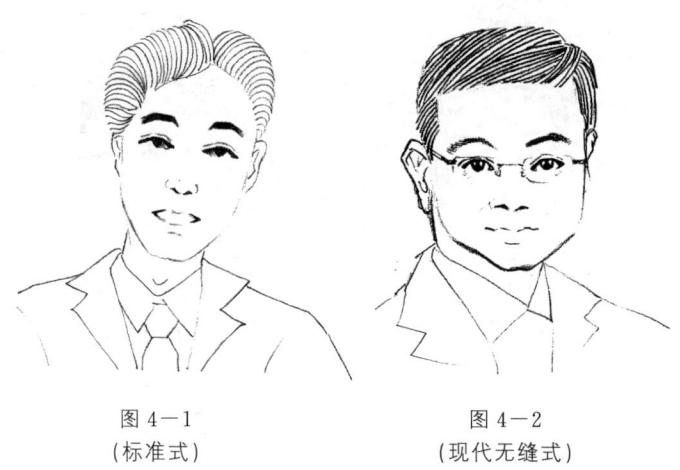

图 4-1　　　　　　　图 4-2
(标准式)　　　　　(现代无缝式)

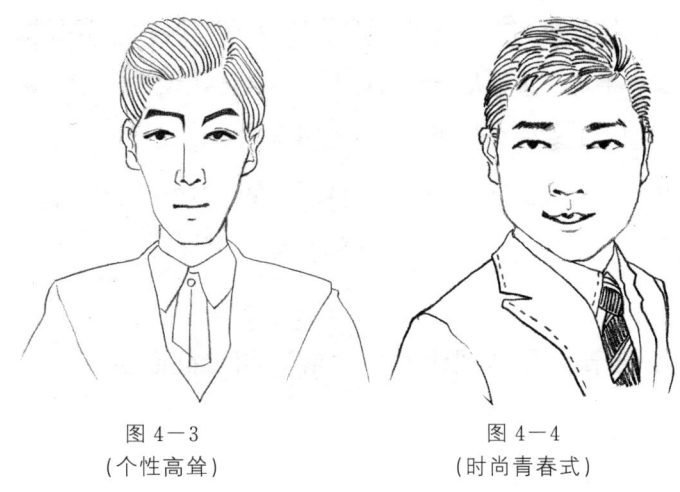

图 4－3　　　　　　　图 4－4
(个性高耸)　　　　　(时尚青春式)

(二) 平头

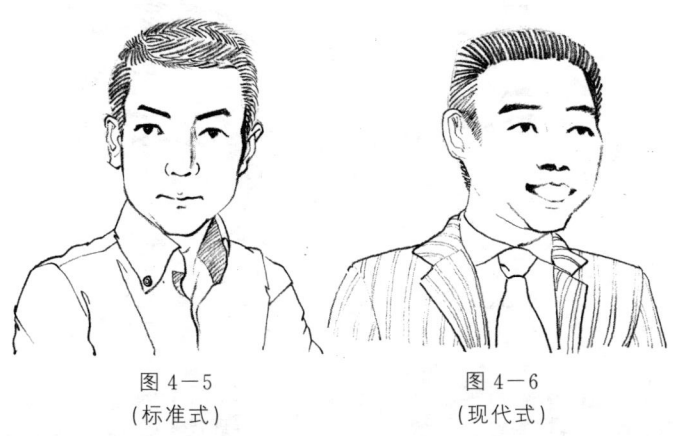

图 4－5　　　　　　　图 4－6
(标准式)　　　　　　(现代式)

图 4-7　　　　　　图 4-8
（时尚式）　　　　（可爱式）

(三) 背头

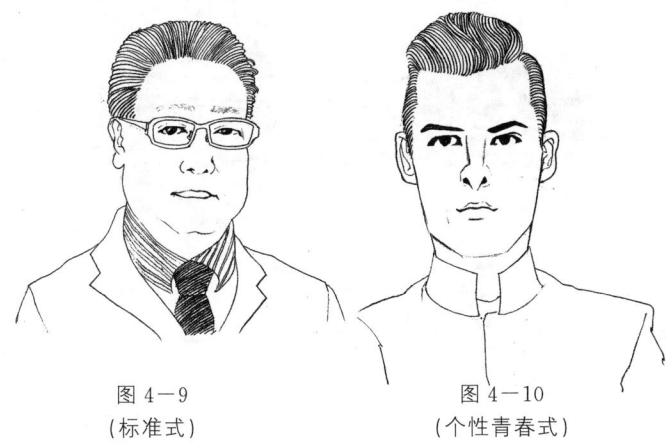

图 4-9　　　　　　图 4-10
（标准式）　　　　（个性青春式）

(四) 寸头

图 4-11
(现代标准式)

图 4-12
(板寸式)

(五) 中长发

图 4-13
(时尚中性式)

图 4-14
(洒脱随性式)

提示：男士发型要注重风格的选择。

第四章 发型设计与造型规律及技法

二、女士发型

(一) 短发

图 4－15

图 4－16

图 4－17

图 4－18

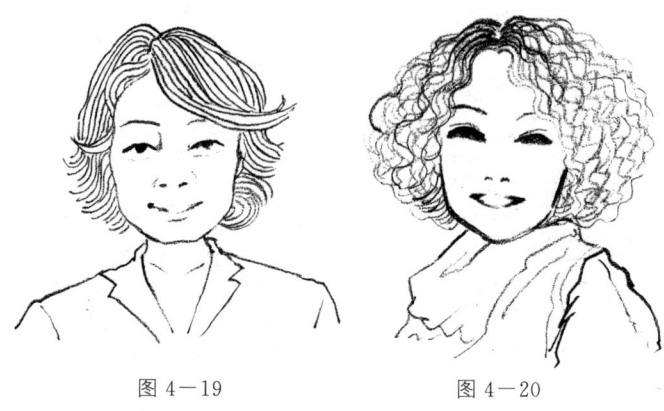

图 4-19　　　　　　　图 4-20

（二）中发

图 4-21　　　　　　　图 4-22

第四章 发型设计与造型规律及技法

图 4—23

(三) 长发

图 4—24　　　　图 4—25

图 4—26

（四）盘、髻、辫发

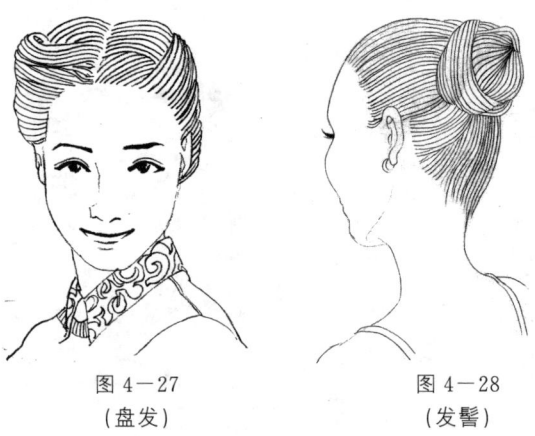

图 4—27
（盘发）

图 4—28
（发髻）

图 4—29
（辫发）

第四节　常用美发用品与用具

一、简单用具

1. 发梳（扁发梳）

通发、吹发以及整理发型使用。

2. 滚筒刷（卷发刷）

卷吹整理发型使用。

3. 发刷

通发和整理发型使用。

4. 吹风机

定型以及造型时使用。

二、基本用品

1. 摩丝

润发、定型和伏贴整理发型时使用。

2. 发胶

定型与蓬松发型时使用。

3. 啫喱水

喷射定型，自然柔和式发型使用。

4. 发泥（蜡）

短发或者局部造型时使用。

思考题：

1. 发型造型对于播音员主持人的意义是什么？
2. 发型的塑造与哪些因素相关？
3. 如何正确地选择出镜发型？
4. 如何使发型自然持久？
5. 为什么电视播音员主持人出镜可以佩戴假发？
6. 假发选择与佩戴应遵循什么原则与要求？

第五章 着装设计与造型规律及技法

第一节　着装的基本知识及礼仪习俗

着装是播音员主持人形象造型的重要组成部分,是构成电视视觉传播不可忽视的信息传递载体。

在电视传播媒介中,服装以"无声语言"的形式通过视觉感受传递多种信息,体现自身特有的价值。着装也是一门艺术,它不仅能够直接遮挡人体外观的某些缺陷,弥补脸型、身材、结构比例的不足,还可以增加传播者的感染力,提高画面的可视性和观赏性;同时,它又似一面镜子,从外而内地透射出人的修养、文化、品位、追求等内涵。它从一个侧面反映出一个国家现实的政治、经济状况,时代发展潮流,人们的精神面貌以及心态、观念、习俗等信息。因此,播音员主持人的着装,应该使其符合整体节目信息传播的需要，能够体现一种文化价值。只有这样，播音员主持人才能在电视传播中全面、完整、准确地完成信息传递任务，表现出国家和民族应有的整体素养。

把握、调动、发挥服装的"无声语言"的作用，是播音员主持人应该具备的专业素质。恰到好处的着装，来源于对服装艺术及穿着礼仪的了解。

关于着装艺术和穿着礼仪，现就最基本的原则、要领、艺术规律及特点等概述如下：

一、着装的基本原则

播音员主持人的着装是电视视觉信息传播的一部分，因此，它应既能反映我国的基本礼仪，又能展现国际化的水准。特别是应以国际上公认的社交着装"TPO"原则作为遵循和借鉴的依据，从而展现中华民族的素质修养和时代发展的精神风貌。

"TPO"原则是当今世界上公认的着装礼仪应该遵守的基本原则。T、P、O 三个字母，分别是"Time"（时间）、"Place"（地点）、"Occasion"（场合）这三个英文单词的首字母。这一原则要求人们在选择服装、考虑其具体款式时，首先要兼顾时间、地点、场合，并使自己的着装尽量与时间、地点、场合协调。其中的具体内容，虽然会随着时代发展而不断变化，但着装的基本礼仪规范要求，始终被世人公认为准则。这一原则是播音员主持人专业修养必不可少的重要内容。

二、着装的基本礼仪习俗

（一）着装要与自身的年龄特征相符合

人类在长期的历史发展和演变中始终没有停止对美的追求，并把美的愿望和不同年龄段的特点、需求相结合，设计出童装、青年装、中老年装等几大类系列服装。它代表和体现着人们对不同年龄阶段的着装所形成的习惯和要求。尽管它们经历了不同时代，并随着各种因素而有所变化，但着装的基本特点一直流传下来，成为人们体现社会文明素养和不同层次精神追求及需要的写照。比如，孩童，幼稚可爱、天真好动，以穿着鲜艳、活泼的童装为宜；青年人，具有青春活力，浪漫而富于幻想，适宜多姿多彩的青年装；中年人，成熟、理性而不失朝气，适宜雅致、大方，富于韵味的着装；老年人，沉稳、从容、豁达，适宜合体、舒适、大方的老年装。在电视节目中，播音员主持人应该根据节目需要，根据自己的年龄特征和外形特点，穿着适宜的服装，避免因为着装不得体造成信息传递失误。

(二) 穿着要与性别特征相符合

自古以来，男、女着装始终就有性别区分。按照男女不同的生理特征，人们要求男装具有阳刚之气，而女装则应体现阴柔之美。虽然现代社会观念发生了变化，带来了流行时尚的不断翻新，男女服装具有的各类元素相互交织或融合，服装出现了中性化特点，比如，女装男性化，男装借用一些女装柔性的特点等，还出现了男女都可以穿的中性化服装——休闲服、运动服等。但是，男女性别在着装上应该具有和体现的内涵寓意应有差异，不能混淆，特别是在正式场合对此要求更为严格。播音员主持人在画面中的着装，展示着民族的主流文化及精神追求。因此，即使是在多变的时尚潮流中，着装也要符合人类自然的基本性别准则。

(三) 着装要适合时间、地点、场合

播音员主持人的着装要与时间、地点、场合相匹配。人们的着装会随着时代、季节等变化而有所不同，这已成为人们的习惯和需要。自然、亲切的真实感来源于人们着装习惯的贴切性。因此，播音员主持人出镜时的着装，必须要符合人们的生活习惯，才能够让人感觉真实、舒服。穿着与所处地点的特性吻合，也是对播音

员主持人着装的基本要求。这种协调不仅能够带来相应的工作便利，还会因符合大众的着装习惯而得到人们的认同和好感。

在电视拍摄中，由于播音员主持人的出镜地点以及画面环境类型不同、差异很大，在着装上必须要注意与场景协调。特别是主持人去工厂、农村、部队等地采访或者现场报道时，更应该选择合适的衣着，来增强自然感和亲和力。不同场合的得体着装是人们情感的需要，也是传播者形象必备的条件。

人类与周围生存的各种因素紧密相连，环境、气氛、时间等差异，都会不同程度地引起人们的心理波动，并且容易使人在情感上产生共鸣，形成相应的情感倾向。着装作为心理意向的表达更直接。因此，人们在不同场合具有与之协调的情感需要，对于不同场合的穿着有不同要求，并形成了相应的、具有礼仪特征的着装基本规范，播音员主持人在电视传播中应该遵守并准确地体现这些规范。

第二节 着装的设计与造型

一、正式场合的着装

正式场合,一般是指庄重场合和正规的职场活动等。如,中外高层领导会晤、国内外正式会议、谈判、庆典仪式、正式宴会等。这些场合对参加者的着装有较为严格的要求。作为参与这类电视节目播报(如新闻联播等)的播音员主持人(现场出镜报道者)在着装上必须符合相应的规范要求,以体现和突出报道内容的重要性和现场的庄重氛围。

(1)男性播音员主持人的着装要求为:正规西装、衬衫、领带、皮鞋(如果画面为全景则要求西装套装)。在我国传统节日,如元旦、春节时,可着我国的传统礼服——中山装等。

(2)女性播音员主持人的着装要求为:西装或者庄重的现代职业女套装或者套裙。在我国传统节日时,可着中式服装。

二、正式场合的着装要求

正式场合一般要求身着西装或者正式的职业服装，并且有较严格的穿着规范。下面就简单介绍一下西装和几种正式职业服装的着装要求。

（一）西装

西装是一种国际性服装，也是国际交往的通用礼服。西装分正规西装和休闲西装两种款式。正式场合应该穿着正规西装（套装），穿着规范如下：

（1）西装要内配合适的衬衫（以白色和蓝色为主）。衬衫的领子要挺括；衣袖要比西装衣袖略长一些；衬衫的下摆不可外露，需放进裤腰内（女性则放在裙腰内）；西装内着衣要单薄，衬衫内外不宜穿着过多、过于臃肿。如果天气寒冷，衬衫外只适宜穿一件无领羊毛衫，以选择"V"型领款为佳，忌领口、袖口露出其他内衣。

（2）正式场合男性穿着西装必须系领带。领带的图纹、颜色应该与西装相搭配（单色或者素色），不宜过于鲜艳和夸张。领带的款式可按流行时尚选择，领带的长度到腰间皮带扣处为佳。如穿着羊毛衫，则需要将领带放置在羊毛衫领口内，但领口需要露出领带结。系领带时，内着衬衫的领扣必须扣好。如果使用领带夹，一般夹在第四与第五个衬衫纽扣之间。

（3）西装只能与皮鞋相配，正式场合应该穿着深色西装，与黑色皮鞋、黑色袜子相配，这是穿着西装的基本礼仪。身着正规西装时，不能穿布鞋或者旅游鞋等。

（4）西装纽扣的扣法：穿着西装时，上衣可以敞开不系扣，但严肃、庄重场合则要求着装更为严谨、规范。两粒扣西装，要扣好上数第一粒纽扣，也称"风度扣"；而两粒纽扣都扣或者只扣第二粒纽扣，都是不规范和失当的表现。三粒扣西装只扣上面两粒扣或者中间一粒扣，下面一粒不扣，否则也有失着装礼仪。

（二）中山装

我国传统的男性礼服——中山装的基本穿着礼仪要领如下：

（1）合体，平整，同色，同质地，成套，挺括。

（2）领口、领钩、衣扣、兜扣、裤扣必须全部扣好。

（3）领口边齐边微露白领衬。

（4）衬衣下摆必须放入裤内，不能外露；袖口、裤边不能翻卷；套装内不能穿着过多。

（三）职业女性套装

职业女性套装是现代社会女性在职场（正式办公场

合）或者进行社交活动时的一种公认的女性礼服，它分为套裤装和套裙装。其特点为：大方、雅致、庄重而具有现代感。它的款式、颜色多变但需上下配套，线条简洁而清晰，衬托出现代人的文明意识与时尚追求。它是播音员主持人端庄形象塑造的重要元素。女套装在正式场合穿着时应该注意以下几点：

（1）上衣领口不宜过低，领款开度较大的套装，可以根据情况选择合适的衬衣或者丝巾等作为领围装饰。

（2）套装必须与皮鞋相搭配，一般选择船鞋。不宜穿凉鞋，更不能赤脚穿凉鞋。

（3）裙子不宜过短，穿着时应该穿长筒袜或者连裤丝袜，不宜将袜口留露在外或者光腿。

（4）女性穿着西服套裙时，所穿连裤袜或者长筒丝袜的颜色必须与套裙颜色相协调。

以上是正式场合的基本着装规范，在新闻类等节目中要以此为借鉴规范着装。

三、欢庆场合的着装

欢庆场合一般是指庆祝节日或庆贺会议等喜庆场合。如晚会、庆功会、游园、商品交易会等。其特点为：氛围热烈、轻松、欢快、激昂。播音员主持人在着装上应该与此相协调，渲染喜庆的气氛，保证信息传递的准确性。根据欢庆内容和渲染程度以及报道现场的差异，播音员主持人在着装上可从以下两个方面去考虑和选择。

（一）颜色适度丰富、明快

颜色能使人产生不同情感。用协调、丰富、热烈的颜色来烘托、传递节目信息，不仅可以调动观众产生欢快、激昂、振奋的情绪，而且通过强化现场氛围，使人有身临其境之感。一般情况下，播音员主持人以选择柔和、鲜艳或者适度对比跳跃的色彩系列为宜，这样有利于用色彩来表达、烘托、传递欢庆、喜悦的信息。

（二）穿着款式的选择要大方，能体现时尚感

根据播音内容和主持节目的不同特点，播音员主持人的着装款式应该符合节目的总体风格，着装要大方、新颖，反映节目内容的时代气息。特别要注意演播室内播音员主持人和室外现场主持人、报道记者的着装与拍摄场景的协调性。

室内播音员主持人的着装款式应更讲究、正正规。如女士着各种套装、中式裙装、旗袍、时尚装或晚礼服等；男士着西服（正规款、休闲款）、中山装、中式服装、时装衬衣等。而外景主持人着装的款式则偏向潇

洒、简洁、轻松、自然。如时装式休闲服、套裙、休闲西装、中式服装和夹克等。

总之，欢庆场合的播音员主持人，从服装的款式和穿着上都应体现热烈、轻松、喜庆、新颖的节目特色，同时具有时尚气息。

四、休闲场合的着装

休闲场合是指人们在闲暇休息时间出入的各种场合。比如运动、旅游、娱乐等场合。其总体氛围是轻松、愉快而随意的。主持人在主持这类节目，特别是现场主持时，应该注意在着装上充分体现这种氛围。可以根据具体节目的类型特点，选择多姿多彩的运动服、活泼轻巧的旅游服、丰富多变的时尚服等，用和谐的搭配来表现轻松、美好的现场氛围。

总之，在休闲场合主持人酌情穿着相应的休闲服装，这样有利于信息的传递，也能体现主持人的专业意识和基本素养。

五、肃穆及哀悼场合的着装

肃穆及哀悼场合一般是指参加吊唁活动或者葬礼等悲痛、哀悼的场合。为表达沉痛、悲伤的情感和对逝者的哀悼，活动参与者的着装应有较严格的要求。这些要求对电视现场主持人以及参与报道的室内新闻播音员及主持人同样适用。正确的着装可使信息传递氛围更具有现场的肃穆感，其主要要求如下：

（一）着装正规而庄重

在重大肃穆场合报道时，一般男士适宜身着正规西装、衬衣、系领带，穿皮鞋或者穿着深色制服。女士可以选择西服套装（套裤类或者套裙类）、衬衫或穿着简洁、稳重的深色职业套装和皮鞋。

（二）遵守民俗的色彩习惯

黑色与白色属于"无彩"色，在色感上它低调、不张扬，给人的印象简单直接，显得纯洁无瑕。这两种颜色被世界大多数国家公认为在重大肃穆场合所采用的颜色。因此在惯例上，以黑色西装套装、白色衬衫为宜，领带和皮鞋亦同为黑色。

（三）装饰与点缀不宜过多

西装、领带、衬衫、领口、袖口、皮鞋，忌花边和图案。如需要，可在西装上衣兜内微露白色方巾（男士）或者在左胸前佩戴白色小花以示哀思。

以上是着装的基本礼仪常识和规则。当播音员主持人在电视播音或者主持节目时，应该根据节目内容的不同需要,灵活运用"TPO 原则",使着装符合拍摄时间、地点、现场的氛围,并且还要保持与画面风格及节目整体风格的匹配和统一。这样才能真正准确地发挥着装的"无声语言"作用,体现着装在传播中应有的价值。

第三节 服装选择应适合传播者的外观特征

一、款式的选择

为配合教学,便于从业者掌握,我们把款式分为领款和衣款两部分,下面分别进行要点介绍。

(一)领款

1. 领款基本形态与脸型

领款对脸型起修饰、矫正和美化的作用。它是服装烘托形象的点睛之笔。领款的种类繁多,但在选择时一般应根据具体脸型的形态而确定。特别是领窝、领岔的大小,对脸型有直接影响,是需要重点留意的地方。下面作简单提示。

(1)圆形脸

一般圆形脸不适合过圆的领款,而与"V"形领款的服装搭配为最佳,通过领款"V"形线条,可以使过圆的脸型显得修长而秀美。

(2) 长形脸

长形脸一般不适宜过低领尖的款式,而选择向上的圆形成左右稍舒展的平线条领款为宜,以增加脸部两侧的圆润感。

(3) 倒三角形脸

倒三角形脸一般不适合选择领款线条向下深垂的服装,而选择方宽向上或者向上圆弧形领款服装为佳,使尖垂的脸型下部显得丰盈。

(4) 菱形脸

菱形脸不可以选择尖心形、上翘领款,否则反翘会增高、加宽颧骨;平直线条的领形则较为合适,它可使面部产生柔和、稳定的感觉。

(5) 三角形脸

三角形脸一般不要选择"一"字形领款,而应选择小"U"形领款,可以使脸部线条显得轻巧而柔和。

(6) 方形脸

一般方形脸适合于领口偏长的"鸡心"领型,以改变方、短的感觉。注意避免"一"字形领款，否则会使脸型更显得方正和死板。

2. 领款基本形态与脖颈

脖颈的长短、粗细直接影响头部与身体的比例平衡。利用领款的不同形态，可以帮助协调这种比例关系，达到上下平衡的视觉美感。下面作简单提示：

（1）长脖颈：此种脖颈者不适合选择领款偏低的或者较高的款型。一般以中高的领款为宜。

（2）短脖颈：短脖颈者应避开"一"字领和领款线条相对封闭的式样，可以选择领款较低和相对敞开式的形态进行弥补。

（3）粗脖颈：粗脖颈者应该以"V"形款式为佳，使过粗的脖子线条向下延长并收窄。

（4）细脖颈：细脖颈者的领款线条不适合纵向延伸。一般选择"一"字形领款或者带领结及百褶边的领型来进行调整为好。

（二）衣款

衣款指服装整体的款式。随着时代发展，衣款出现时尚化、多样化潮流。衣款类别主要有便服类、套裙类、衬配类、外衣类、夹克类、上装套裤类等。无论怎样变化，衣款选择是否得当，都与个人身材比例的协调状态直接相关。在现实社会中人体状况各异，其比例也自然存在不尽如人意的地方。选择、利用服装来平衡、调整人体比例关系是提高形象美感的重要手段。人体较标准的比例关系，在前面的内容中已作概述，这里仅就几个需要注意的方面给予简单提示。

（1）高型：个子过高的人在衣款的选择上应避免连身、同色的长款型式样和紧身衣款；以宽松式或者上下分开式的衣款为宜。

（2）矮型：个子偏矮者，可选择连身、瘦长的衣款或者合体连衣裙、同色分体的短裙，可以弥补身材偏矮的不足。

（3）胖型：身体偏胖的人在选择衣款时，忌挑选紧身和宽松肥大的外衣样式，以选择线条简洁、合体、适中的衣款穿着为佳。

（4）瘦型：体型较瘦者，一般适宜选择稍微宽松的款式和上下分体的套装，以使瘦弱的身躯显得丰满而具有活力。

（5）溜肩型：亦称塌肩膀。下滑的肩膀使人上身显得窄小而过于紧凑，着装时袖笼部位容易产生褶皱，给人老态、邋遢的感觉。在选择服装时，应挑选有垫肩的衣款，注意垫肩最好是偏硬的直形样式，以助衣型肩部的托起，来弥补肩骨下坠的不足。

（6）窄肩型：人的肩膀偏窄会与头部的比例在整体上产生失调，形成大头小身的状态。选择衣款时，注意挑选肩部较宽并有垫肩的或者肩部打褶隆起的样式为好。

（7）短腿型：短腿型一般是指人上身的长度明显长于腿的长度。在选择服装时，挑选短夹克类、上装套裤及裙类衣款较为合适。

（8）缺陷型："X"形腿和"O"形腿是两种主要的缺陷型腿形。在选择衣款时，应侧重下装的挑选：长裙、稍宽裤腿的长裤、裙裤均可作为首选。避免穿着牛仔裤和瘦腿裤。

二、颜色的选择

服装面料的颜色对视觉的冲击力极大，由它组合形成的花纹、图案等，对人体外观的形态能产生极大影响。一般情况下，全身整体服装的颜色不宜超过三种，而对服装颜色的选择，则应该根据具体身材特征来确定，以充分利用颜色的特点，塑造出和谐、美观的形体外貌。下面简单介绍不同体态特征的服装颜色选择。

（1）高型：个子过高者，衣着适合选择偏深色、横条纹、大图案和比较宽松的衣款。

（2）矮型：个子偏矮的人，一般挑选上下同色的浅色调服装为宜。可以选择纵向或者较窄条纹图案的服装。

（3）胖型：身材较胖的人适宜穿着较深、较冷色调颜色的服装，并且可以选择纵向、细条纹或者不规则图案的服装；颜色不适合过于丰富。

（4）瘦型：较瘦身材者，适合选择浅色、大图案、横条纹、大方格或者颜色比较丰富的暖色调服装。

较好的着装颜色搭配，除与以上不同体态协调之外，还要注意在色彩搭配中与整体色调的和谐与统一。同类色相搭配，服装的颜色会柔和、自然，给人一种亲切、平和、稳定、流畅的感觉；而对比色相搭配，则会使服装颜色跳跃、醒目，给人以活跃、动感、振奋的感觉。播音员主持人一定要根据节目的氛围要求，把握服装基本色调的选择，以烘托、表现应该具有的气质。

三、质地的选择

各种服装面料的质地因其材料的丰富和各自具有的特点会形成很大差异。人们对这种差异的利用，使服装具有了万种风情。如，毛类柔软、蓬松、温暖，制作成衣后，暖和、丰盈而有厚度，成为秋冬保暖衣料的佳品，其质地特点使服装具有了弹性、轻盈、悬垂的感觉；而丝类光滑、细软、柔和、凉爽，不仅成为人们夏季的理想衣料，而且用它制作的成衣轻柔、光滑而飘逸。由此可见，不同质地的服装能满足人们不同季节着装的需要，也会给人体外观带来多姿多彩的变化。

服装质地的选择应注意把握以下两点：

(一) 适合季节气候

应该按照不同季节、气候特点来选择相应质地的服装或者添加相应元素。如，夏季穿着丝、麻、绸等凉爽、轻柔的服装，春秋穿着呢、毛织类的保暖服装等，通过着装来展示相应的气候、季节特征，以表现节目的即时性。

(二) 适合身材

从外观上，身材主要分为四种：高、矮、胖、瘦。身材较高者，适宜穿着偏厚、较软质地的服装；个子较矮者，可以穿着质地偏薄、偏硬、较挺的服装；身材较胖的人，以选择质地较细、略具弹性而无光感的服装为宜；身材较瘦的人，可以选择质地蓬松、具有一定光滑感的服装。

第四节　着装设计与造型同画面相协调

在电视中穿着的服装是否具有美感,不仅与合体、品位、款式等有关,更重要的是取决于服装的颜色和质地在画面中呈现的整体效果。如何把握这两个环节,使着装更适合电视特点,是播音员主持人应该关注的重点。

一、颜色

电视以画面的形式展现内容是其传播形式之一。而服装的颜色是画面色彩中的重要部分,它与画面中的环境色、肤色、发色等各种影像颜色所构筑的整体画面色调的协调性,是画面产生美感的关键因素。因此,在选择服装时,应该针对整体画面色调来选择服装颜色,这样才能形成画面整体美的效果。

一般情况下,当环境色偏冷时,服装适宜选择冷色调;而当环境色偏暖时,则选偏暖色调为宜。而当画面颜色对比大时,可考虑选择中间色的服装,以产生柔和、协调的感觉。最好不要穿着大面积、高纯度颜色的服装,着装的颜色一定要注意整体色调的和谐。

二、图案

由于电视像素行的横向移动,会使画面中的颜色产生晃动感。因此对服装上的由不同颜色组成的花纹等图案,需慎重选择,最好避开过于细碎的小花、小方格、小细窄条纹的图案,以使画面的整体效果稳定而简洁。

三、质地

电视中不同质地的服装受光后所产生的效果不同,它对电视画面整体色彩的表现和还原影响很大。一般情况下,不适宜选择质地过于光滑的服装,否则由于面料太亮、反光过强都会影响画面的整体色彩还原,不易产生柔和、清晰的美感形象。

四、装饰物的选择与佩戴

装饰物是服装的一种附属品,它采用多种材料制成,主要包括各种首饰(耳环、项链、头饰、胸饰、腰饰)以及实用配件(皮包、披肩、围巾)等。在形象整体造型中有点缀、强化、突出、协调、过渡、连接、平衡的作用。它是造型的伴侣,以其多变的质、量、色、形,赋予人们多种灵感和梦想,是在现代造型中被频繁使用的手段。它有着以少胜多的独特优势,恰当运用,对塑造现代传媒人形象具有重要意义。

播音员主持人在电视节目中可以根据需要，选用适合的装饰物，如耳环、项链、胸花、披肩、眼镜、帽子等，作为造型的元素配合着装。

下面对选择和佩戴装饰物时需要注意的问题，做几点提示：

（1）不宜选择品质低劣的配饰，不宜偏多，应该少而精。

（2）扬长避短，运用得当。

（3）与节目风格协调呼应。

（4）恰到好处，得体而具有高品位。

思考题：

1. 出镜着装的要求对电视播音员主持人意味着什么？有哪些重要性？

2. 出镜前如何正确选择服装？

3. 怎样穿着才能具有职业品位？

4. 在电视画面效果上服装和化妆有关联吗？为什么？

5. 形象设计与造型中配饰运用的原则是什么？

6. 你自身的形体有何不足，如何通过服装弥补？

第六章 形体基础训练

形体是完整的出镜形象的一个组成部分,在视觉上与形象不可分割,缺一不可。因此对于形体的把控和训练同样是出镜者需要学习的重要内容。

形体基础训练是指对自我身形美感和形成美感的身体素质等基本条件的训练,它是构成出镜形体的基础,包括身体的柔韧条件、协调能力、平衡能力、控制能力、驾驭能力等。这是一门专业性和科学性极强的艺术,也是涵盖了生理学、人体力学和造型审美艺术的学问。

形体基础训练的内容丰富多样,可以通过垫上训练、把杆、把下等科学的训练方式,对身形进行有效的调整,在提高身体素质和能力的同时,使身形具有审美价值。因此科学、专业、适宜的形体基础训练,是培养出镜者(电视播音主持和新媒体出镜者等)形体表达的基础。

由于形体基础训练具有较强的专业性，如何进行训练？很多人感到迷茫、困惑，下面我将从专业和实用的角度出发，难易结合，简单编排和介绍如下训练内容（因文字表现的局限性，参考者需要具有一定形体基础常识），供出镜训练的教学辅导老师和需要进行形体基础训练的学生、业余爱好者参考。

第一节　活动练习

一、跑圈

跑步（拍节）＋高抬腿跑（拍节）＋单腿跳（拍节）＋弓步转身左右甩臂（拍节）＋前后甩臂吸腿前行（拍节）＋燕飞式蹲起前行呼吸（拍节）＋上伸臂折腰触地（拍节）＋左右扭转（拍节）＋正向起身结束（拍节）。

二、伸拉

借助垫子或把杆等条件，进行压腿、开胯、伸腰、开肩、压脚等柔韧度练习。

第二节　把杆练习

双手扶把，身体面向把杆，在与把杆保持合适距离位置时，双手以肩宽左右的距离，轻轻搭握在把杆上。

一、一位脚站姿（目视前方，保持姿态）

二、一位擦地（含压脚跟）一位站立准备

＊准备节拍时，双手轻扶把杆；

＊右腿练习（连续动作分解如下）：

（1）脚分别向前、旁、后三个方向擦出，每个方向4次（2拍1次）。

（2）接旁擦地2次后，接2个压脚跟，收回一位（2拍1次）。

（3）分别擦向前、旁、后、旁，各4次（1拍1次）。

（4）收回一位后，保持身体一位站姿。

＊左腿练习（同上）

三、蹲（脚一位准备）

＊准备节拍时，双手轻扶把杆。

＊右侧：

（1）一位蹲，一位半蹲2次，全蹲1次，立脚尖收紧（2拍）。慢压脚跟2次，快压2次，落脚跟一位站立。

（2）二位蹲，右腿擦到二位，半蹲2次，全蹲1次，立脚尖收紧（2拍），慢压脚跟2次，快压2次，落脚跟，移重心到左腿，右脚擦到五位站立。

（3）五位蹲，半蹲2次，全蹲1次，立脚尖收紧（2拍），慢压脚跟2次，快压2次，落脚跟五位站立。

＊左侧（同上）。

四、五位擦地（含勾绷脚）五位脚站立准备

＊准备节拍时，双手轻扶把杆。

＊右腿：

（1）右脚向前擦地4次（2拍1次）。

（2）向前擦出经绷、勾、绷、擦回前五位（各1拍），做4次。

（3）旁擦地4次（2拍1次）。

（4）向旁擦出，经绷、勾、绷、擦回后五位（各1拍），做4次。

（5）向后擦地4次（2拍1次）。

（6）向后擦出经绷、勾、绷、擦回后五位（各1拍），做4次，收回后五位。

（7）旁擦地4次（2拍1次）。

（8）向旁擦出经绷、勾、绷、擦回前五位（各1拍），做4次，收回前五位脚站立姿态。

＊左腿（同上）

＊单手扶把杆（身体侧向把杆，靠近把杆一侧的手轻搭扶于把杆，身体与把杆保持适当距离）。

＊五位站姿（五位脚，一位手，头朝向2点前方，下巴微抬）。

五、小踢腿（15度）

＊准备姿态（单手扶把，一位手，五位脚站立准备）

＊准备拍节时，呼吸的同时，手从一位经二位到七位手。

＊右腿

（1）前、旁、后、旁，各踢4腿（2拍1次）。

（2）前踢2腿（2拍1踢），脚尖点地1次（2拍），脚收回前五位（2拍）。

（3）旁踢腿同上，脚收回后五位。

（4）后小踢腿同上，右脚尖后点地，擦地到一位。

（5）分别向前、后、前方小踢腿（每方向1拍各踢1次）。

（6）后、前、后（每方向1拍各踢1次）。

（7）前、后、前、后（每方向1拍各踢1次）。

（8）前、后、前，右脚尖点地，呼吸同时脚擦回五位，手由七位到一位手位，保持五位基本站姿（单手扶把）。

＊左腿（换右手扶把，动作与右腿相同）。

六、画圈

＊准备姿态（五位脚，一位手准备）

＊准备拍节时，手经二位到七位。

＊右腿

（1）前擦地划2个半圈（由前到旁），一个蹲划全圈到后直立到前。

（2）反方向划到后。

（3）擦地经一位侧吸腿。

（4）前伸直到旁，到后。

（5）点地，擦地到前。

（6）反方向经擦地到一位侧吸腿。

(7) 后伸直到旁，到前。

(8) 点地，擦地收回五位。

(9) 脚五位前下腰（手七位经一位、二位到三位保持），收回直立。

(10) 后下腰，收回直立。

(11) 旁外侧下腰，直立。

(12) 旁内侧下腰，直立。

(13) 左涮腰（前、旁、后、旁，前立）。

(14) 右涮腰（反向同上）。

(15) 手到七位，呼吸还原脚五位，手一位站姿结束。

＊左腿（右手扶把杆，同上）。

七、单腿蹲

＊准备姿态（一位站立准备）

＊准备拍节时，手从一位，二位到七位，

＊先右腿，后左腿，连续做。

(1) 前，吸腿蹲，前伸直（2次）。

(2) 旁，吸腿蹲，侧伸直（2次）。

(3) 后，吸腿蹲，后伸直（2次）。

(4) 旁，吸腿蹲，侧伸直（2次）。

（5）立脚尖，直腿收回五位，手到三位，转身换右手扶把杆，左手从二位到七位，五位脚落脚跟。

（6）开始做反面腿（同上）。

（7）呼吸，蹲直收回五位结束。

八、把上压腿（正，侧）+（后腿）

＊准备：把杆上正腿，一位手准备。

＊准备拍节（2拍），手经二位到三位。

＊左右正侧腿。

（1）压右正腿（勾脚压4拍）。

（2）贴腿握脚踝保持（4拍）。

（3）绷脚压（4拍）。

（4）贴腿绷脚尖保持（4拍）。

（5）立脚尖控制（4拍）。

（6）落脚跟转侧腿。

（7）压侧腿（勾脚压4拍）。

（8）侧贴腿握脚踝保持（4拍）。

（9）绷脚压（4拍）。

（10）贴腿绷脚尖保持（4拍）。

（11）立脚尖控制（4拍）。

（12）落脚跟换左腿。

（13）压左腿正，侧（勾、绷、立，同上）。

（14）落右脚跟保持侧立姿态，结束。

＊后腿

＊准备：把杆上后腿，单手扶把，一位手准备。

＊准备拍节（2拍）手经二位到七位。

＊右腿

（1）把杆上后腿站立保持不动（4拍）。

（2）主力腿蹲，直4次。

（3）三位手，直腿后压（4拍？）。

（4）脱把控制后腿造型。

＊换左腿练习（同上）

九、把上绷脚尖踢腿（五位站立准备）

＊准备拍节奏时，手由一位经二位到七位。

＊右腿：

（1）前腿（前擦出，踢，点地，擦回前五位，踢4次腿）。

（2）旁腿（侧擦出，踢，点地，擦回五位，踢4次腿）。

（3）后腿（后擦出，踢，点地，擦回后五位，踢4次腿）。

(4) 旁腿（同上）。

(5) 呼吸，手由七位回到一位结束。

＊左腿（同上）。

注：踢后腿和旁腿时，也可以双手扶把杆。

十　控制

＊准备姿态（五位脚，一位手站立，头朝两点方向）。

＊准备拍节时，手由一位经二位到七位。

＊右腿

(1) 吸腿＋伸直＋点地（1组前、旁、后、旁四个方向）。

(2) 前腿吸直＋划圈（1组前旁后，到后点地，收后五位，后吸伸直划圈到前点地）。

(3) 呼吸，前腿擦经一位（主力腿蹲）到后，弓箭步前伏身探腰，手经一、二位到三位起身，同时后腿经一位擦到前，手七位，脚点地下后腰，直立，主力腿移重心吸腿到动力腿（呈手三位吸腿直立半脚尖姿态），五位站立，落脚跟的同时配合呼吸，手经七位回到一位手，保持五位姿态。

＊左腿（同上）。

第三节　把下训练

一、踢腿练习

（一）勾脚踢腿（行进踢腿）

＊准备姿态：男生，丁字位站；女生，踏步位站。

＊准备节拍时，双臂由胸前双晃手到左边拉开双山膀，脚变正位站立，

1. 前腿

＊准备姿态：前迈步踢正腿（2拍一腿）

（1）前行左右腿轮换勾脚上踢（每腿踢4次）。

（2）亮相退场。

2. 旁腿

＊准备姿态：前迈步踢正腿（2拍一腿）

＊准备拍节时，保持姿态不动

（1）迈步，左转身，踢右旁腿，（左手向下晃手的同时，左脚向前迈步左转身，右手旁起，胸前按掌的同时，左手沿身体侧面至上托掌，身体朝向左侧，右腿上踢）。

（2）右脚迈步，右转身，踢左脚（动作与踢右脚相反）。

（3）左右腿轮流向前迈步，转身，侧踢。

（4）亮相退场。

(二) 绷脚踢腿（同上）

1. 控制组合

把下的控制组合可以很好地训练和强化形体的综合能力，它对训练的针对性和编排的动作以及指导水平要求较高，此文中暂不具体涉及 。

二、 跳跃练习

(一) 一位小跳

＊准备姿态：一位站立，一位手。

＊准备拍节：保持一位站姿

（1）蹲（准备拍节的最后一拍时，双腿一位下蹲，准备起跳）。

（2）起（靠小腿肌肉力量拉伸直立腿）。

（3）跳（立直的同时脚跟，脚掌，脚趾依次推离地板，空中保持一位姿态）。

（4）蹲（落地时脚尖先着地，依次脚掌，脚跟，小腿，大腿逐渐蹲）。

(二) 二位中跳

＊准备姿态：五位站立，一位手

＊准备拍节：保持五位站姿

（1）五位蹲（开胯深蹲）。

（2）蹲起（靠大腿和小腿肌肉的合力向上，推起身体）。

（3）跳（空中由五位脚，二位手姿态，打开到二位姿态落地）。

（4）二位蹲（深蹲）。

（5）二位起跳（空中二位姿态）。

（6）二位蹲（深蹲）。

（7）二位起跳（空中二位姿态）。

（8）二位蹲（深蹲）。

（9）二位起跳（空中二位姿态收回五位脚）。

（10）五位着地蹲起。

（11）五位站立。

(三) 五位小跳

＊准备姿态：五位站姿

＊准备拍节：同上

（1）五位蹲（浅蹲）。

(2) 五位跳连续（空中保持五位姿态）。

(3) 五位脚变换（前五位和后五位交替落地）。

以上是专业形体基础训练的部分参考内容。

由于形体基础训练的科学性、系统性和实操性很强，不同专业训练的针对性存在较大差异，本书通过文字介绍，旨在与大家交流基础训练的一些专业方法，力争对具有一定基础的学生和教师，在形体基础训练中提供较为具体的帮助和参考，请务必根据个体条件灵活掌握，注重训练实效。

思考题：

1. 形体基础训练对形象有影响吗？
2. 形象与形体相比，哪个重要？
3. 形体基础训练的目的是什么？
4. 在形体基础训练中，要注意哪些问题？

第七章 形象设计与造型中容易出现的误区

在播音员主持人形象设计与造型中,"坚守主持人播音员形象塑造的最高使命"是至关重要的,它不仅代表播音员主持人的专业身份,而且也鲜明地体现出播音主持从业者的责任与专业素养,揭示出播音主持专业形象塑造的本质。因此,这一核心问题在播音员主持人职业形象塑造中十分关键、不容忽视。从业者要重视和提升分辨能力,立足于专业特点,准确地驾驭和把握形象设计与造型特点。

下面结合在电视媒体一线工作中出现的相关现象,针对播音员主持人在形象塑造中普遍遇到和存在的关键性问题给予剖析与提示:

误区一:"美是造型的一切"

当今社会正处于一个多元化高速发展的时代,人们的思维、价值观、审美取向等各个方面复杂、多元且善变。在这种大背景下，电视无论在节目内容的调整还是表现形式方面，都采用了更加丰富和快速更新的方式，在顺应社会潮流、引领和满足人们多层次需求的同时，呈现出一种多元化的时代特色。

作为电视节目内容的串联者——播音员与主持人，他们的出镜形象也随之面临着多元化展现的必然趋势。每天当我们打开电视机时，都会发现他们的外观形象在不断调整，向观众展示着各种改变：佩戴假睫毛，佩戴各色美瞳，变换发色，佩戴假发，身着各种时尚服装以及流行配饰等，以多变的外观形象调整，体现着当下人们对时尚的追求，使我们通过屏幕形象感受到浓郁的时代气息，同时也看到了在多变和宽松的社会大环境中，播音员主持人形象正在面临着多元化的选择以及各种表现形式的诱惑。

在出镜的形象中，有些人以不变应万变，保持着特有的本色。有些人随波逐流，以流行时尚为最高准则而效仿，有些人则迷茫，在困惑中随心所欲。无论他们归属哪类，都在以自己对形象的理解和表达方式接受着这场考验。从他们不同形象的潜在语义中，我们不仅能够感受到他们各自的追求及专业修养,更能够体会和发现多元文化中的时尚潮流对播音员主持人形象的影响。

在当今社会许多人极力追捧美貌容颜的大潮冲击下,播音员主持人不可避免地被卷入其中并希望能脱颖而出。但是,有些人沉迷于美貌的竞争中,把对美貌的追求当成形象设计与造型的最高目标和唯一标准,认为观众对播音员主持人形象的要求与生活中人们对形象的要求没有什么不同,"美丽,漂亮,只要好看就行"。在这种潜在观念的指导下,他们在播音主持时,不分节目类型,不管美的寓意,一味去追求外表的漂亮、时尚、光鲜,把流行潮中的"美丽"作为主持人播音员形象展现和塑造的模式和样板。

比如,有的播音员主持人在面部化妆上,盲目追求目前流行的以裸妆为美的时尚元素,用近似肤色的口红来表现嘴唇,用白色作为基础肤色。在灯光的照射下,浅淡无色的唇型以及缺少红润的面色,使他们的整体形象在电视中显得苍白、无力,缺失健康与活力,传递出播音员主持人在节目中不应该具有的病态信息。又如,在新闻类节目中,佩戴较为夸张的假睫毛,过分地强调眼妆,使眼睛装饰的痕迹凸显,增加了面部的表演色彩，从而影响了新闻的真实性、严肃性。

有的人忽视了职场着装的基本要求，为展示身段而衣着紧裹，显得刻意而拘谨，失去了播音员主持人大方自然的基本形象。有的人为显示性感，在着装上过于裸露，甚至以展现所谓的流行时尚"女人的事业线"的尺度为美，在职场上张扬、炫耀，显得很不得体并有失职业感，与播音员主持人的身份极不吻合。

诸如此类的形象所带来的错误信息，在媒体平台上以"无声语言"的方式进行传递，会对节目信息的传播质量造成巨大的影响，还会有损于媒体形象。

在眼花缭乱的唯美时代，流行潮中的美貌诱惑严重影响着播音员主持人对形象展现的正确选择，其中任何盲从迷失，都会导致在节目中因错误的形象定位而带来的错误的视觉信息传播，给栏目整体信息的导向带来不利影响。

面对多元化挑战中出现的这些问题，应该引起我们的重视和反思，为什么有的人会在当今流行的唯美大潮中偏离专业方向，屡屡出现不该发生的错误？播音员主持人的形象塑造究竟为了什么？我们从一些人持有的观念中找到了相应答案："美丽，漂亮，只要好看就行。"

这种对播音员主持人职业形象认知的欠缺，导致了他们只顾徜徉在"美的花海"中，忘却了形象的责任和使命。播音员主持人要提高把握信息的能力，提升专业修养，更正观念上的偏差，准确地运用视觉语言，更好地塑造职业形象。

电视是大众传播媒介，其中形象作为视觉关注的对象，以其特有的"无声语言"功能，客观地发挥着传播作用。播音员主持人是工作在电视传媒一线的媒体人，他们不是演员，也不是模特，更不是时尚达人。他们履行着大众传播的使命，肩负着社会责任。他们的个人形象在栏目中代表媒体，承载着节目所需要的视觉信息的传递任务，是媒体平台上的公众形象。

他们的责任是最大限度地利用和发挥"无声语言"的功能，准确传递节目信息，实现电视节目完整的传播效果，而不是为了展示个人的美貌。因此，播音员主持人形象必须要能够体现出媒体人应有的职场风貌和节目所需要传播的相关信息，这是职业形象赋予他们的职责。

从电视传播对播音员主持人的要求中，我们能够看到，电视节目对他们形象展现的要求是多层面的，有外观长相即欣赏层面的美感；也有心理外化现象所呈现的情绪状态，情绪状态表现其精神追求，体现了其品位与责任感。

播音员主持人必须通过对自身原型的重新塑造来表现丰富的内涵。要根据不同节目的总体要求，表现出与节目适宜的风格、状态，传递出正确的信息氛围。播音员主持人形象的基本特征是：真实自然、大方得体、亲切生动、美丽而具有朝气。这些形象内涵都不是简单的美丽、漂亮所能够展示和代表的，如果仅把外表美作为唯一追求，则偏离了播音员主持人形象的宗旨，必然会带来视觉信息传播的偏差。

同时我们也应该了解和认识到，美丽形象的界定标准是不确定的，因地域、习俗、文化、信仰、审美和爱好等不同而有所差异，没有统一的标准。尤其是在审美标准多元化的今天，各种美丽形式层出不穷，它们以不同的信息内涵，既相互区别又互相融合，如：柔弱的美、典雅的美、冷艳的美、理性的美、粗犷的美、妩媚的美、婀娜的美、优雅的美……其中很多的"美丽、漂亮"，如果播音员主持人在节目中把握不准，则会造成信息传递的失误。

第七章 形象设计与造型中容易出现的误区

从播音员主持人的传播任务来看,漂亮只是展现美的一种形式,不能代替对他们形象要求的全部内涵。美丽、漂亮的外观是进行有效传播的手段,是表现播音员主持人形象的一个主要载体,利用它可以帮助播音员主持人提升播出状态,运用得当可以使形象的表达更为准确、更为生动。这种美的形式在视觉传播中具有强烈的冲击力,对烘托播音员主持人形象能产生积极作用,但它不是播音员主持人形象设计与造型的全部。因此,不能只把美丽、漂亮作为衡量播音员主持人形象的唯一尺度和最高标准。

为什么有些人会把播音员主持人形象的内涵仅仅与美丽、漂亮画等号?下面我们从客观因素和主观因素两方面进行分析。

首先从客观因素看,这种认识与社会竞争日益激烈的大环境有直接关系。随着当今社会高科技的迅猛发展和创新求变的时代潮流愈演愈烈,各领域出现相互交织、相互渗透、合作发展的格局。文化艺术领域和传媒领域之间的交融尤为活跃,他们以丰富多元的内容和各具特色的表现形式,不断打造出绚丽多彩的文化景象。那些经过渲染的、具有视觉冲击力的表面形式,往往使人感到震撼、印象深刻。从认知规律来看,人类对事物的认识都是起始于外表,由表及里逐步深入。事物的表面形式和特征,对人们认知的判断影响很大,尤其是当它因某种因素(反复呈现、猛烈炒作)被强化时,不仅能够给人留下深刻印象,还会增强人们对表面感受的认知,影响预期目标的实现。

对播音员主持人形象的认识也是如此。在电视节目中,观众首先看到的是他们的容貌——美丽、漂亮的外观,第一印象便由此形成。这种"美丽"是通过包装赋予的,它是播音员主持人形象塑造的基本载体,它主要以表面形式存在于形象的外表,具有直观的视觉冲击力。对它的准确运用,可以使播音员主持人形象更加生动,给观众留下深刻印象。外表的美丽伴随着他们的播音与主持,不断呈现在观众面前,强化了观众对播音员主持人形象"美"的特征记忆,从而形成了人们对播音员主持人形象的表面认识。

同时,从当今社会各媒体的融合中,我们也看到,媒体平台给播音员主持人提供了丰富的展示空间以及合作机会。他们以精心打造的形象,穿插出现在各大媒体的展示平台上,用美丽、漂亮的外表吸引着来自四面八方的目光,很容易使人们把播音员主持人与演艺人员、模特等在形象上相混淆。在众人眼中,漂亮的外表是展示台上所有形象的共同标志,共性的美丽遮盖了特有形象内涵的差异,演艺人员、模特等以美为目的的形象取代了播音员主持人以美为载体的形象,这就使人们对播音员主持人的形象只停留在表面的认识上。

不仅如此,宣传舆论对当今流行时尚的强劲炒作,也是影响人们认知的重要原因。我们今天所处的时代是一个信息爆炸、竞争激烈、媒体活跃的时代,各领域竞相借助媒体平台展开竞争。在网络、电视、报纸、杂志等传播平台上,各类信息铺天盖地,影视明星、T台模特和一些播音员主持人等的形象千姿百态,展现着多元化的唯美潮流。有些策划者与美容、美发、时装、摄影等形象塑造领域专业人士的联手合作,使形象美的展示更加耀眼。

在各种多元、时尚、美丽元素的汇集打造下,一个个光彩照人的形象频频出现在众人眼前,俊男靓女随处可见。虽然被包装者的职业身份不同,风格各异,但营造出的共性美给人带来视觉震撼,令人回味无穷。这种对美貌的渲染和强劲炒作的社会氛围,无意间强化了人们对播音员主持人形象的片面认识。

除客观因素之外，人们对播音员主持人形象认识的偏差，也有主观原因。首先，由于职业不同，他们对播音员主持人的专业不了解，只能从表面形象去感受并从中得出结论。其中外表的美是他们最直观的印象，也是形象表面呈现出的最明显特征，它所具有的吸引力强化了人们对形象表面的关注和印象，从而形成相应的认知。其次，在主观上人们对信息的接收是有选择性的，而不是盲目地全盘接受。在当今"信息满天飞"的时代，人们会根据自己的需要，对信息进行过滤、筛选，以得到真正对自己有价值的信息。尤其对感兴趣的、充满情趣的、具有诱惑力的信息更为关注，会在潜意识上主动接收。

播音员主持人形象所展示出的"美丽、漂亮"，能够通过屏幕触动观众的心灵，尤其是在今天竞争激烈的环境中，观赏美的形象可以带来心情的放松，使人感到愉悦和享受，它符合人类追求美的共性，更是顺应了当今时代出现的唯美潮流。所以"美丽、漂亮"是人们在潜意识上更愿意主动接收的信息，它反映了人们内心的愿望和期待。这种强烈意识使他们把生活中对形象美的追求,也当成是衡量播音员主持人形象的唯一目标,从而形成"美丽,漂亮就行"的认识偏差。

当然,我们对这种大众认识的局限性无可厚非,因为观众不是专业人员,不需要具备专业知识。节目中播音员主持人形象能给他们带来好感、带来认同、带来生动精彩的信息传播就可以了,至于这些结果形成的过程、塑造的细节、组成类型等不是他们所关心和需要了解的,他们对播音员主持人形象认识的偏差,不会妨碍他们观赏电视节目。

播音员主持人则与观众不同,他们是信息的传播者,肩负着准确传递信息的使命,承载着信息传播的责任与义务。信息的正确体现和准确传递需要他们来完成。形象上如何体现,怎样驾驭信息,都具有专业自身的特点、规律和要求,不能够随心所欲。特别是形象本身具有的专业性,与大众认知有很大差异。不了解专业知识,就会对形象产生片面理解,在电视传递中容易用错"视觉符号",造成信息传递失误,影响电视信息传播的效果,终将导致信息传播的失误。所以,播音员主持人对专业形象的认识偏差要及时予以纠正。

值得深思的是,为什么一些专业人员的认知也会停留在大众的水平上？究其根源，是因为有的人并不十分清楚自身存在于栏目中的意义，更不明白播音员主持人的职业形象在电视节目中应该担负的使命和责任，缺乏相关的专业知识。当有些播音员主持人的形象塑造，已经偏离了专业要求时，他们却全然不知，或不以为然。直到出现了不可接受的错误时，才去纠正。

面对主持人播音员出镜形象中的各种问题，我们深感，提高从业人员的专业素养，树立正确和专业的传播观念，是完成播音员主持人传播使命的关键，与此同时，加强审美修养，提高对形象美的认识和鉴赏力，是避免错误选用视觉语言的关键。要充分认识到，在当今时代，媒体人所肩负的使命和社会责任是艰巨而充满挑战的，面对多元化和各种流行潮的诱惑，只有加强专业学习，坚守使命，提高正确运用视觉语言的能力，才能保证形象所具有的"无声语言"在电视传播中发挥应有的传播作用，才能在唯美大潮中不盲从、不迷失，展现出具有时代特征的播音员主持人的职业形象。

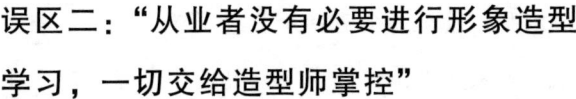

误区二:"从业者没有必要进行形象造型学习,一切交给造型师掌控"

驾驭形象是播音与主持从业者必须具备的专业能力。播音员主持人是公众人物,是电视节目与观众交流和沟通的"纽带"与"桥梁",是处在传媒领域前沿窗口的信息传递者,肩负着信息传播的使命和责任。在电视传播过程中他们必须要根据电视的传播特点,能够从"视"与"听"两种不同传播途径去全面地把握和传递信息,并体现其准确性和生动性。

形象是视觉信息的组成部分,在电视节目中它以"无声语言"的形式传递信息,成为有声语言的辅助语言,它直观地反映并代表着一个国家的文化、经济发展水平以及国民素质、精神状态和理想追求,在电视传播中具有不可替代的作用。对传播者而言,现实生活中的自然原型因各种原因并不符合电视播音与主持节目时的职场要求和节目要求,不具备播音员主持人作为公众人物所应该具有的形象。如果在节目中任其存在而不给予调整，不仅会破坏播音员主持人在人们心目中的形象，同时还会带来自然信息的混杂播出，给节目整体信息的传播造成混乱，甚至还会对受众造成误导。所以，准确地把握形象是从业者出镜的责任，更是播音与主持专业对出镜形象的要求。

学习形象造型对播音员主持人是一种从外而内的整体调整。首先在外表上，准确的造型可以删除视觉上的不良信息，塑造出符合电视传播要求的职业形象，使观众从外貌特征上能够直观地感受到需要表达的语义和相应氛围，从而达到配合有声语言准确完成指定信息传播的目的。同时在自身的感觉状态上，形象塑造的学习过程可以不断启发播音员主持人内在神情的调整与转换，帮助他们找到准确和清晰的表现定位。这种内外合一、形神兼备的形象调整和调动，能够帮助播音员主持人以最佳的播出状态恰到好处地表现和传递信息，树立起应有的传媒人形象，完成电视传播所赋予我们的使命。

然而，在现实工作中不少从业者忽视自我形象塑造的专业学习，对自身形象与专业出镜要求之间的区别缺乏正确认识，满足于大众认知的层面而一味追求表象，认为形象只要外表漂亮，一切交给造型师就可以了。他们把本来应该自身掌控的这部分"无声语言"的阵地完全交给别人,在形象上成为他人表达信息的载体。这种现象反映了传播者对电视传播认知的欠缺。

播音员主持人是电视信息的传递者,这就要求我们用严格的专业要求对视听信息的传播进行把握。对于形象怎样构思、如何去体现,必须由我们来通盘考虑和驾驭。对于视觉信息失控的播音员主持人,不仅无法充分发挥"无声语言"应有的作用,还极易造成视觉语言传递的偏差和失误。

形象在电视传播中作为观众视觉捕捉的重要内容,具有不可替代的作用。作为专业的播音与主持工作者,在出镜前对自身形象的构思及准确定位是不可忽视的。要明确形象的准确塑造直接关系着电视视听语言信息传播的一致性和传播的实效性,任何错误的视觉信息都会干扰甚至破坏节目的整体性。因此,掌控好形象塑造,避免和及时纠正形象问题,对保证传播质量十分重要。

播音与主持专业的从业人员只有学会准确运用形象造型,才能够充分发挥和利用视觉语言的作用,准确驾驭视觉信息的方向,防止信息传播失误,这也是从业者应该具备的专业素养。

形象的塑造对传播者产生的心理效应不可低估。形象造型在电视节目中的准确运用，能够为传播者的自信提升提供强大的心理支撑。播音员主持人是公众人物，他们在职场上的整体形象必然备受观众瞩目，这种无形压力会给他们带来情绪上的波动。特别是外观形象所带来的某种不良的心理暗示，会对他们播出信息的状态产生影响，甚至会干扰出镜时的表现。在播音或主持时，形象的塑造状况是影响播出状态与情绪的重要因素。

很多播音员主持人在出镜待播时，经常感到不能很快找准播出感觉，不能快速进入应有的播出状态，这时常与形象的塑造有直接关系。准确而恰到好处的形象造型，可以启发并帮助播音员主持人，从内而外地萌发出良好的自我感觉，增强自信，找到节目播出应该具有的状态并且发挥自如，使信息传播效果达到最佳程度。反之，不符合要求的形象造型，会对其造成潜在压力和负面影响，减弱甚至破坏传播者内心的自我认同，进而对自身产生怀疑，出现迷茫、困惑甚至烦躁的不良情绪。这种不安的心理状况，必然会使他们在镜头前流露出不自信、注意力不集中等不该出现的现象，干扰他们对有声语言的准确驾驭，影响节目信息的有效传播。

第七章 形象设计与造型中容易出现的误区

可见,形象塑造对播音员主持人的影响是全方位的,它直接决定和影响着信息传播的质量。因此,学会利用形象造型来进行自我调整,从内而外地调动自身形象,发挥形象特有的启发和激励作用,是播音员主持人强化自信、自我完善、进入最佳传播状态的重要保证。

电视是一种大众传播媒介,为了吸引更多观众、提高收视率,首先在传播形式上应该体现视觉艺术的特征,具有审美功能。特别是在视觉感官上应该能够给观众带来美的享受,具备可视性。

播音员主持人是电视节目信息的传播者和串联者,在传播中他们的形象既是信息的组成部分,也是信息传递的载体,其魅力展现程度决定着信息传播的质量。美感是视觉魅力的起点,它在信息传播中具有很强的感染力,它能够唤起人类的最佳状态,激发良好情绪,凝聚关注力,为传播信息营造有利氛围。美的形象成为播音员节目主持人自我激励、进入良好状态以及吸引观众、赢得好感的重要因素。强化形象美,是帮助传播的有力手段和极佳形式。对它的挖掘与利用,可以由外而内地强化播音员节目主持人的形象魅力,从而使得整体节目更加具有吸引力。

形象造型所采用的艺术表现形式可以增强形象的外在美感，提升形象魅力，从视觉角度满足观众对美的期望和要求。它所营造和强化的美，能够给观众带来享受和陶冶。因此，它是电视视觉艺术的具体体现，会对人们接收信息产生积极的促进作用。播音员主持人作为电视节目与观众之间的"纽带"与"桥梁"，其形象在电视图像中必须要能够体现出电视艺术的特征，用视觉美感（艺术语言）去表现和渲染信息传播的氛围，这是电视传播的特点和需要。形象造型是播音员主持人形象美感塑造的主要手段，它以美的元素烘托出播音员主持人在图像中的魅力，形成强烈的视觉冲击力，是吸引观众的首要方式。

因此，用造型的手段提升自身形象的可视性，用美的载体来帮助传播信息，是电视传播艺术对播音主持人的专业要求，也是观众对出镜形象的基本要求。

综上所述，播音员主持人形象造型所具有的功能和意义，在于它能够利用视觉形象这一"无声语言"的特点，帮助播音员主持人准确表述和传递节目信息。同时，由表及里地赋予他们在节目中的形象魅力，帮助他们建立自信，树立传媒人应有的公众形象。并且以准确而精彩的形象吸引观众，提高收视率，完成电视传播的使命。

形象设计与造型是播音员主持人进行电视传播的辅助手段，在电视视觉传播中十分重要。在媒体对社会发展的影响越来越凸显的今天，加强专业学习，重视对自身出镜形象的驾驭能力培养是从事电视播音与主持专业工作的需要，也是媒体工作者的责任。

思考题：

1. 播音与主持专业赋予从业者的核心使命是什么？
2. 电视播音主持与广播播音主持有何区别？
3. 电视从业者如何培养驾驭自身形象的能力？
4. 如何准确设计和塑造出镜形象？
5. 在出镜形象的设计与造型中，我们需要注意哪些方面？
6. 如何正确认识和处理职业形象与个人形象的关系？

参考资料

杨继明，罗来发．实用公关礼仪．海南：海南国际新闻出版中心，1996.

王启民．素描概论．北京：人民美术出版社，1996.

北京蒙妮坦美发美容学校．皮肤护理．北京：高等教育出版社，1992.

随着传统媒体和新媒体融合时代的到来,大众对出镜者的综合能力和专业素质提出了越来越高的要求。在这样的大背景下,对电视播音员主持人形象设计与造型方面的培养与教学更需要与时俱进。应相关单位、广大一线出镜者(电视播音员主持人、新媒体出镜者等)以及大学相关专业师生的要求,我在原有的《电视播音员主持人形象设计与造型》一书的基础上进行了调整,并特别增加了"形体基础训练"一章,以符合目前融媒体环境下的实践需求。

此书主要围绕出镜整体形象(电视播音员主持人专业方向,新媒体出镜者等),介绍形象造型相关的综合基础知识、规律，以及形体表达的基础练习。在强调传媒人专业意识的同时，强化综合形象驾驭能力的培养，旨在能够较全面地夯实出镜形象的基础，以适应不断发展变化的出镜传播特性。在内容上尽量做到通俗易懂，重点明确，规律清晰，便于掌握，以利于实际操作和教学。

因本书写作较为仓促，请读者根据传播手段、节目形态等变化因素，进行适当调整，以适应高科技时代融媒体传播发展和节目变化的需要。

几十年来，我随着中国电视发展和中国传媒大学成长的脚步一路走来，在这个不断发展变化的领域进行着探索和教学。在此真诚感谢曾经培养过我的老师和给予我帮助的朋友们！

赵小钦

2019 年 8 月

赵小钦，女，中国传媒大学播音主持艺术学院副教授，中国化装委员会成员。毕业于北京师范大学研究生院心理学专业。

1979年开始学习和从事形象造型，曾师从于中国化装界前辈王希钟老师、刘虹老师，中央戏剧学院著名教授霍起弟等；在初、高中阶段曾接受北京舞蹈学院教授林莲蓉、蔡龙海、张雨三位前辈的专业系统训练。

1983年开始在北京广播学院（后改名为中国传媒大学）担任各类形象造型课教师以及全国培训班（电视主持人播音员、新闻发言人、化装大专班、影视造型等）的主讲教师。1996年在播音系开设了"形象设计与造型"课程，随后担任"形体基础"课程指导教师、"综艺节目播音主持"课程教师；开设本科学生公选课"职场形象自我塑造"。

曾编写中国传媒大学播音与主持专业课程教材《实

用播音教程》(第 4 册) 中的有关电视播音员主持人化妆部分的内容；《电视播音与主持艺术》中有关形象造型的部分。

负责国家新闻出版广电总局"电视播音员主持人持证上岗考试大纲"中的形象部分和辅导丛书的编写；编写播音主持学院《形体基础课程》教学大纲；发表过若干篇有关形象、形体专业的论文。

曾担任老一辈电影导演严寄洲的电影《零点起飞》及中、法、意合拍电影《秦俑》(此片获国际大奖) 等影片和多部电视剧 (其中《新来的女售货员》《继母》曾获"飞天金像奖") 的造型化装师。曾担任央视春晚、音乐专题晚会"话说长江""艺苑风景线"等栏目，以及多部 MTV、广告片、模特大赛的主持人和演员的形象设计与造型。

曾应邀去英国等国参加有关化装造型的国际交流活动和国内影视界、时尚界的高峰论坛。

图书在版编目（CIP）数据

电视播音员主持人形象设计与造型 / 赵小钦著. --2版. --北京：中国传媒大学出版社，2020.1（2024.8重印）
播音主持实用基础教材
ISBN 978-7-5657-2636-1

Ⅰ.①电… Ⅱ.①赵… Ⅲ.①电视节目－节目主持人－形象－设计－教材 Ⅳ.①G222.2

中国版本图书馆 CIP 数据核字（2019）第 265838 号

播音主持实用基础教材

电视播音员主持人形象设计与造型（第2版）
DIANSHI BOYINYUAN ZHUCHIREN XINGXIANG SHEJI YU ZAOXING (DI-ER BAN)

著　　者	赵小钦
策划编辑	曾婧娴
责任编辑	曾婧娴
责任印制	李志鹏

出版发行	中国传媒大学出版社		
社　　址	北京市朝阳区定福庄东街1号	邮　编	100024
电　　话	010-65450532　65450528	传　真	65779405
网　　址	http://cucp.cuc.edu.cn		
经　　销	全国新华书店		
印　　刷	北京中科印刷有限公司		
开　　本	880 mm×1230 mm　1/32		
印　　张	5.5		
字　　数	101千字		
版　　次	2020年1月第2版		
印　　次	2024年8月第5次印刷		
书　　号	ISBN 978-7-5657-2636-1/G · 2636　定价　29.00元		

本社法律顾问：北京嘉润律师事务所　郭建平